你不是
天生为母则强

**每一位妈妈都能受益的
孕产&育儿指南**

叶倾城 / 著

中国出版集团
中译出版社

图书在版编目（CIP）数据

你不是天生为母则强 / 叶倾城著. -- 北京：中译出版社, 2023.5

ISBN 978-7-5001-7405-9

Ⅰ.①你… Ⅱ.①叶… Ⅲ.①散文集—中国—当代 Ⅳ.① I267

中国国家版本馆 CIP 数据核字（2023）第 068297 号

你不是天生为母则强

著　　者：	叶倾城
策划编辑：	刘　钰
责任编辑：	刘　钰　刘　畅
营销编辑：	王珩瑾　赵　铎
出版发行：	中译出版社
地　　址：	北京市西城区新街口外大街 28 号普天德胜大厦主楼 4 层
电　　话：	（010）68002494（编辑部）
邮　　编：	100088
电子邮箱：	book@ctph.com.cn
网　　址：	http://www.ctph.com.cn
印　　刷：	北京中科印刷有限公司
经　　销：	新华书店
规　　格：	1230 mm×880 mm　1/32
印　　张：	7.25
字　　数：	130 千字
版　　次：	2023 年 5 月第 1 版
印　　次：	2023 年 5 月第 1 次印刷

ISBN 978-7-5001-7405-9　　　　定价：59.00 元

版权所有　侵权必究
中　译　出　版　社

自序

我养了一个叫小年的小孩

叶倾城

就在不久前,我意外地发现了一个有孩子的好处。

——孩子是"哥伦布",能带你去往"新大陆"。

2022年年底,有个很久以前的熟人打我电话,问我是否还记得她。

我模模糊糊记得有这么个名字,应该是纸媒从业人员,但不太记得是谁,就顺口答应。

一聊,前些年纸媒不景气,她就顺势退休,从此过着恬静的田园生活。

她没结过婚,没小孩,就养条狗,和老父共同生活。

她谢绝现代生活方式的"入侵",保留着古老的生活习惯,至今不用微信。

她觉得不需要呀,如果有人要联络她,打电话就可以。

直到疫情来了,她和老父均阳,她慌极要找人,才发现——谁也找不到。

她原来的单位早就没了,她和同事们也失联了。

我提醒她,她父亲单位应该有负责老干部工作的部门,但她并没有对方的联系方式。

总之,最后走投无路之下,她找出原来的电话通讯录,一个一个打电话。

有些号码打不通,有些人不记得她,她就这样找到了我。

虽然我与她不在同一个城市,但还是尽力帮她,还替她找了辆车。我叮嘱她先把微信下载了,不然实在很难联系。

她说她不会用,嫌麻烦,只留了电话。

我心想:你不才五十多吗,怎么弄得像个不识字的老太太似的?

我也没说什么。

事后我问朋友:"没有微信,怎么扫健康码?"

朋友说:"用支付宝就可以呀。"

我说:"那网格群呢?"

朋友说:"老年人没加网格群的很多,不是人人都要加的。"

我于是想：我是什么时候开始用微信的？

2012年微信出现，大批身边人使用，见面就要扫码。

我表示：懒得用。不用。

这是实话。我的想法和最开始那位女士一样：有电话、有电邮、有QQ，你如果真想联系我，还有联系不到的吗？

结果，2013年，我的女儿小年上学，学校要建微信群——无可奈何，必须用了。

那时，我领悟了：我用微信，不是为了大家能联系到我，是为了我能联系到大家。

我另一个朋友说，她和我的模式差不多。

她比我还大一点，生孩子更晚一点儿。

她是2012年应单位要求，下载了微信，但从来不用，每隔三四天临睡前看一眼。

同事都抱怨无法用微信联系到她。

她说："电话就在我面前的桌子上，你们打电话呀。"

结果2014年，她孩子上学，必须用微信了。

我又想到我妈，她是怎么学会用微信的？

因为她要与我姐姐的女儿小满视频通话。

于是，我们手把手教会了她打视频电话。

她随即发现，与我舅舅、与老同学，都可以用视频通话——只要对方有微信。

可能人年纪大了之后，孩子变成最硬的刚需。

养孩子的需要，引导你必须向前。也因此，即使时代抛弃了你，你也必须抓着车尾，跟跄向前。

而如果没有孩子，就没有刚需。

没有什么原因能刺激你必须开始一种新的行为模式，你便沿用旧的。

没错，如果世界想找你，一定找得到。

但是，已经进入中老年的你，对世界用处不大，世界不想找你。

是你需要与世界保持联结，是你要找到世界。

而如果，你在不知不觉中松开了紧抓车尾的手，就可能被远远地，抛在了谁也看不到的地方。

在养育小年的过程中，我有过极其艰辛的日子。

小年四五个月时，我妈的白内障到了近乎盲的程度。

当时网络不那么发达，挂号是需要亲自去的。

我抱着小年，带着我妈，等了一个上午才被叫号。

医生开了单子，上午已经做不了，要到下午。

我随便找了一个地方，买了一些食物，又给小年吃奶。

下午做完检查，结果不能立刻出来。

第二天又重来这么一趟，又是排了很久很久，医生简单地看了一看。

我疲倦地离开诊室，不记得为什么，走的是楼梯而不是电梯，也许因为人太多，根本挤不进去。

我一手抱着小年，手臂上拎着婴儿伞车，另一只手紧紧拉着我妈。

就在楼梯上，我突然抽筋了，刹那间，我一步也不能走了，一动也不能动。

身后人还在不断地、粗暴地推我，让我快走，别挡大家的道。

在同一个瞬间，我有两种强烈至极的愿望。

一个是，我要紧紧地、紧紧地抱着我的孩子，我不能摔着她。

另一个是，我和她一道摔下去，一了百了。

你们也会唱《我也曾想过一了百了》，对你们来说，它只是一首歌；对于我，那则是千百次的真实发生。

但是呢，到今天，我却说，生了孩子，是我一生最正确的决定之一。

因为她是我最重要的朋友。

因为她的存在，给了我安住人生下半程的目标。

我从来不说，孩子是我最重要的作品。

因为孩子不是我的作品。

她只是经由我的身体，来到这世界上。

甚至，不是我在培育她，我只是在帮助她。

但在这个过程中，她给了我很多快乐。

我还不曾得到过这世间所有的快乐，我并不能说，孩子带给我的快乐，没有任何事物、任何人能比。

我只能说，这是独特的、不一样的经验。

养育孩子的辛苦，与拼事业的辛苦不一样。

养育孩子得到的成就感，与从情爱、事业、金钱中获得的成就感，也都不一样。

我来世间这一遭，我是最贪心的人，我愿意都经历一次。

我吃过蜂蜜，也因为好奇舔过硫酸铜。

我喜欢自来水的源源不绝，也迷恋大江开阔、日升潮落。

我和卡夫卡截然相反，我喜欢独处，我也喜欢人群。

我养了一个叫小年的小孩，我很喜欢她，我很喜欢这件事。

在这养育的过程中，我得益良多。

目录

第一章　在孩子到来之前 ... 001

成为母亲，也许是一件注定的事 ... 003
没有一个孩子是自愿来到这世上的 ... 007
母性并非与生俱来 ... 009
生孩子的 100 个理由 ... 012
生育不能"包治百病" ... 020

第二章　生育是一场值得的冒险 ... 023

生育是父母自己的事 ... 025
你能承担独自抚养孩子的责任吗？ ... 030
如果生出了一个像我一样难带的小孩 ... 033
怀孕期间可能遇到的各种问题 ... 034

你不是天生为母则强

孕检时那些残酷的数字 ... 042
即使你曾失去过一个孩子 ... 045

第三章 孩子，妈妈是世上最无条件爱你的人 ... 049

生产之痛 ... 051
月子之苦 ... 064
教养之道 ... 103

第四章 他是孩子的爸爸 ... 129

父亲就是家庭"大厂"的厂长 ... 131
以身作则，全力以赴培养孩子 ... 133
父爱无疆，念儿未来，当加倍"服务" ... 136
如果不为孩子付出，又如何得到孩子的爱 ... 141
多多鼓励爸爸参与育儿，共同分担家庭责任 ... 144
果断离开家暴男、赌博男 ... 152

第五章 爷爷奶奶与外公外婆带大的孩子 ... 157

老人是年轻父母带娃的"神助攻" ... 159
留守儿童也可以很优秀 ... 161

目 录

隔代养育会有一定的问题 ... 163
体谅老人的不易，常怀感恩之心 ... 167

第六章 要不要生二胎三胎 ... 171

给我的孩子生一个伴儿 ... 173
你的肚子谁做主？ ... 175
老大也有表决权 ... 177
相亲相爱的兄弟姐妹 ... 178
千万不要有重男轻女的旧思想 ... 181

第七章 家中还有一个小孩，就是你自己 ... 183

在带娃的过程中疗愈自我 ... 185
你的人生经历就是孩子的成长模板 ... 188
好妈妈一定要学会恰当示弱 ... 194
了解孩子的需求，优雅制服熊孩子 ... 200
养娃是一生的修行，为母则强，如托泰山 ... 208

后记 ... 217

第一章

在孩子到来之前

成为母亲，也许是一件注定的事

在 30 岁之前，我从来没有想过生儿育女。

我不喜欢小孩。公交车上大人抱在怀里的小孩双脚乱踢，在我的真丝衬衣上一蹬一个脚印。商场里满地疯跑的小孩简直像活动"炸弹"，随时撞翻你。为什么呀？明明写着"宠物不能入内"。还有蹲在公共洗手池上小便的小孩、飞机上哭号的小孩、脏手抓我裙子的小孩……

我也不喜欢成为母亲。我不想是那个风里雨里骑着自行车、披头散发送小孩上学的人；我不想是那个在医院里紧紧抱住打针的小孩、在小孩的号啕声中泪流满面的人；我不爱做家务，非常讨厌"做饭就是母亲的天职"的观念；我不喜欢应酬，不愿意为了小孩不得不和很多人打交道……

　　我早立大志，要成为一个作家。我没有天赋，但一直认认真真沿着这条路往前走，到了30岁，我出了好些书，小有声名，我知道"一流"是我永远抵达不了的，但我喜欢写。我理想的生活就是写写东西，看看书；吃吃东西，减减肥；赚赚钱，花花钱；出去晃晃，在家宅宅；交些朋友，断舍离些；绚烂地爱，也许更绚烂地失去爱……

　　有那么几年，我很接近我的理想，也许不够幸福，但我很快乐。而在我31岁那一年，发生了一件事——我的父亲去世了。我父亲身体一直很健康，不烟不酒，性格开朗，有时运动，按所有的量表来说，他都应该长寿，但他在62岁那年倒下，查出来是肝癌晚期，此后仅仅活了四个月。

　　有很长一段时间，我都不能理解何谓死亡，或者说，直到现在，我也不能真正理解。死亡，就是不在了吗？这个世界是一个完整的图卷，是有人拿出锋利的裁刀，把属于我父亲的那一部分完全裁掉了吗？我似乎还能听见他朗朗的笑声，那些都只是记忆或者幻觉吗？怎么可能呢？发生什么了？就像恐龙从地球上被抹杀一样，我的父亲再也不出现了吗？但我还没来得及听完他所有的故事。我早早就打算，以他的童年为主线，写一个民国时期的农村。他的故事支离破碎，我这里听一段，过几天又听几句。有时候记下来了，有些就记不清了。我恨不得去摇他："你还没讲完呢。"

　　我家现在作为电视柜的柜子是当年奶奶的嫁妆，沉实的木柜子，结构精巧复杂，大柜里套了一个又一个暗柜——奶奶的事儿，我完全不知道，包括她姓什么叫什么，她在我父亲七岁那年就去世了。我家墙上，始终有爷爷的遗照。我依稀记得，父亲说过，爷爷在李先念的部队里工作过，又好像不是，好像是别的渊源。我要去问谁？我与祖父母之间唯一的纽带已经断裂，再也握不住往事的手。这些我可以自我原谅，但真正让我无法摆脱的是，我其实从来不了解父亲。

他是普通人能够想象的最好的父亲。我家只有三姐妹，没有儿子，我是长大后才知道，对有些男人来说，这是缺憾，但他从来没这么想过。他带我们游泳，教我们骑自行车，供我们读大学。因为我最小，他格外爱我，尽他的理念培养我，给我做小木头手枪，我丝毫没有兴趣；带我做木工活，我只觉得手酸痛。我突发奇想，想有一块自己的园地，他就带我开垦出一块，千辛万苦种植了两星期，我发现长出来的菜只够一小盘，很快罢工。他应该是很希望我成为一个女工程师、女科学家的，但我只想当个作家。我永远记得我人生中第一本《唐诗三百首》，那是 20 世纪 80 年代初期，书店每来一本新书我们都要排很久的队才能买到。他从早上排到快中午 12 点，给我买到了，掖在裤腰里带给我，因为中间下起了雨，他没有打伞，也不能淋湿书。

但是，从另一个角度看，我从来不了解他作为自己的一面。除了我母亲之外，他还爱过谁吗？他这么节俭，不舍得吃好东西，都留给我们吃——那么他自己喜欢吃什么？从我认识他，他就是一个丈夫、一个父亲，如果这世上没有我们三姐妹，如果他纯粹就是一个人，他又会是什么样子？他是很勤劳的，兢兢业业工作，回家就很自然地做家务，他喜欢劳动吗？他是享受劳动的快感，还是不得不做？

如果这一生他有其他选择，他会否放浪形骸？

如果他知道自己60岁出头就去世，他是否会更自私一点，会更多考虑自己而非总是考虑别人？

他喜欢吹口哨，很悠扬，我习惯了他还在楼下，口哨声跟着脚步声一道上楼。而如果，他早出生若干年，当时家道未中落，他会否是汪曾祺那种沉浸在琴棋书画中的大少爷？他是我生命的来处之一，我想要溯流而上。然而死亡是山体滑坡，直接堵塞了我的基因之河。许久许久，我都无法工作。这令我很自责。一生勤勉的父亲，看我如此堕落，会不开心吧。不，另一个念头在对我说，勤勉有什么用？能换回他的生命吗？不都灰飞烟灭了？

我家亲戚不多，随着父亲的去世，父族那边的来往更少。我怨恨过我的几位堂哥，当年都是父亲带他们进的城，竭尽全力资助过他们，他们都忘了吗？

难道，记得我父亲的，只有我母亲和我们三姐妹吗？而被忘记是每个人的宿命，正如这世上已经没有一个人知道我祖母的名字一样，等我们姐妹都去世后，关于我父亲的记忆也将不存在了。到那时，就是他第二次的死亡，真正的死亡。而我，也是一样。

我忽然发现了自己的孤立无依。我随时都摇曳在生死边缘。抓紧是吃力的，松手却轻而易举。一次一次，我曾经坚信的事物崩溃如流沙，比如将心比心、使命……要在反反复复间，我才能确定，写作是我的至爱。但总有无数个小小的褶皱时刻，让我觉得生无可恋，欢少悲多。我不得不追问活着的意义。难道，只为了我的母亲？我多么害怕，她也会像我父亲一样，离我而去。到那时，要用什么来支撑我，让我能强悍地打赢每一头怪兽，无论是外界的还是心底的？

我想，就是为了这个原因，我在35岁那一年，成为母亲。我的女儿小年出生之后，我偶尔与一位精通六爻的朋友聊天，随口说道："现在很多孩子是剖宫产的，那是否因此八字就不准了？"他说："你要信，就信全套。如果真有命运，那么，一个人的出生时刻早就注定了，不管是剖还是顺呀。"

是呀，成为母亲，可能是一件命中注定的事。

没有一个孩子是自愿来到这世上的

有很多人会说："没有孩子是自己要求出生的，如果孩子们有选择，也许他们宁愿不出生。"所以父母必须对孩子负全责。但是，地球上，没有哪个生物是自己要求出生的。

你看那街边的香樟树，你以为它自愿要在一天一地的废气里呼吸吗？

你看那街边的流浪猫，你以为它的生命是它自己选择的吗？

连看都看不到的霉菌，你不希望它们进入浴室最低处，但这不是你或者它们能决定的事，它们没得选。

那么，为什么人类要认为自己有理由独一无二？其他生物都不能，但人类能？这个逻辑其实就和"我本将心向明月，奈何明月照沟渠"一样。你凭什么觉得，你是比沟渠高贵的事物？而且，既然到目前为止，科学尚且没有发现"灵魂"的存在；在我有生之年，可能也不会发现胎儿的"灵魂"，因而不可能有被询问和回答的机会。所以每个人，依然要按照原来的出生方式，像蚊子、像蟑螂、像所有朝生暮死的水虫一样，不问自来。也就是说，这是无解的。

那么，发明这样的说法，岂不等于"原欠"？父母原欠儿女，于是父母要用一生偿还？你认同原罪吗？生而为人，既有原罪，一生赎罪。如果你接受这种说法，就默认在你出生之前，有一笔巨额债务在身上。那你先还完你的债，再向其他人追讨。

树本无心结子，父母亦无恩于子女。只是父母对子女有义务和责任，而在良好的互动关系里，会有温柔的爱。

树亦无心来此世上，父母亦无欠于子女。谁也不必承诺谁应有一座玫瑰园，谁也不必抱怨，我本来应该有一座玫瑰园。

母性并非与生俱来

经常看到一种说法,如果不能爱孩子,就不要生孩子。我心里想,如果一个人必须先确保自己爱孩子,才能完成受孕生育这一过程。那这世界上,99%的孩子不会出生。

我在怀孕的时候,一直在担心,我很担心我不能爱上我的孩子——因为我从来没有在自己身上,感受到什么母性。

如果我不爱他……

如果他一哭,我就烦,怎么办?

如果他不健康,而且成为一种负累,我能否担起这一生桎梏?

那年1月底我生了小孩,3月我已经在写母亲节专栏。我在专栏里诚实地说,大部分女性都会成为母亲。做母亲不见得是多么伟大的事,我们所经历过的孕育之苦、分娩之痛、哺乳之累……跟所有雌兽都一模一样。生儿育女连鸟儿都会,"梁上有双燕……一巢生四儿。四儿日夜长……黄口无饱期"。

不养儿不知父母恩,我有孩子之后,每念此诗,双泪俱下。从生物学上来说,我们必须爱孩子,因为这是物种繁衍的需求。

人类的婴儿这么弱小,如果得不到成年人的爱,就无法活下去。但当我们是不一样的母亲,或者,当我们面对着不一样的儿女,我们不能不想:我们爱孩子,是真的爱,还是因为,孩子是我们幸福的一部分？当孩子成为阻碍，令我们蒙羞，我们还会爱吗？

那决定要变换身体与性别的女子，若她曾生儿育女，此刻她还是母亲吗？

那决定离弃孩子的女子，当孩子与她的幸福相冲突，她有罪吗？

发现自己的婚姻是一个巨大骗局的女子，她宁愿觉得她的孩子只是一个"产物"，她是否有权利不爱这孩子？

那决定追求事业的女子，必须放弃孩子一定的利益，她的孩子能够指责她吗？

那无论如何都不能爱孩子的女子，厌恶这孩子，但是谁能说她不曾努力过？

有些孩子，实在不是我们本想要的礼物，该如何拒绝？

有些孩子，终将很严重地伤害我们，又该如何？

我读过很可怕的故事：有个孩子生下来就有暴力倾向，他刚能抓起积木就会砸向身边人，一能用刀叉就开始砍人。他三岁就已经重伤过母亲，这肯定是病态。专家对他束手无策，但他们不知道这是什么病，是病毒感染还是基因变异。这孩子不会变好，因为他天生就是这样；母亲也不能放弃养育，因为她是母亲。纵然有可能被孩子杀害的第一个人就是母亲——但在这一天没来到之前，母亲什么都不能做。

母性也许只是一时冲动。当一个人面临人生的众多繁难，无从

第一章　在孩子到来之前

知晓该怎么做。

也许是默念:"我是母亲,我必须撑下去。"孩子成为她最强大的坚石。

也许是失声痛哭:"如果没有你,我现在会好得多。"

两种可能性都存在,人性有多坚强,就有多怯弱。我只能说我很庆幸,我没有经历最严苛的考验。并且幸运的是,在养育孩子的过程中,我慢慢地、慢慢地爱上了我的孩子。

也许是因为孩子一次哭泣,我抱着她喂奶,眼泪掉到她脸上。她一惊,停下了吮吸,认真地看我。在我最软弱的时候,是她在陪伴我。

也许是孩子三四个月的时候,她渐渐认出我的脸。我去一趟超市回来,她总是很激动,眉开眼笑往上扑,要我抱。

也许是她快一岁的时候,我出了一个短差,虽然只有两三天,但我回家的时候,她最开始仿佛不认识我了,但又好像觉得我与她有什么关系,于是皱着眉头,盯着我,开始思索。就好像,她在动用她小小的"CPU"。突然间,匹配成功,她认出来了这是妈妈。于是,她哇哇叫,两只小脚乱踢,上半身拼命向我倾过来,用了吃奶的力气伸开胖胖的双手。她要我,她爱我。

所以,也许我是一个最庸常的人——我爱孩子,是因为孩子先爱我。是孩子的爱,唤起了我的爱。孩子星星点点的小火焰,终于让我燃起熊熊大火。

大部分的亲子之情都是如此吧，成年人养育，孩子给予爱。孩子的爱，唤起了成年人的爱。这是良性循环。那不曾养育孩子的人，孩子也不爱他；他没有得到天伦之乐，更加不愿意付出。

若能彼此不爱，其实也是好的，糟的往往是爱恨交织。

生孩子的 100 个理由

心安与幸福是生娃的最佳理由

我见过好几位朋友是如何一步一步规划人生的。

一位是我很年轻时候就认识的，现在已经是"德高望重"之人。他与女朋友都来自穷乡僻壤，在大学相遇。他想，如果两人未来都回老家，以后就永远过小城青年的生活；都留在大城市，未必能落户，未必能买房子；双双读研，又有生活压力。最后，他决定让女朋友工作，供他读研，等他工作了再供女朋友读研，就像年轻的玛丽·居里曾经与姐姐轮流当家庭女教师供对方读书一样。他们这么决定，也这么做了。他们在研究生宿舍里结的婚，用收到的红包买了锅碗瓢盆。丈夫工作之后单位分配了宿舍，家里可以多放一张床了，他们就有了小孩。然后丈夫留校任教，妻子在外面公司工作，小孩在大学幼儿园、附小、附中上学……一路长大。他在海外做访问学者期间，就带上妻子与小孩，在当地，他们又有了第二个孩子。所有的时间点都是计算过的，不冒进也不迟疑。现在开放三孩了，以我对他的认知，我知道他蠢蠢欲动，但他绝对会与妻子详细认真地规划，最后做出稳妥的决定。

成人的力量能拓展多大的天空，就能决定在这片天空之下，是拥有一段婚姻，还是一个孩子，抑或两样都有。这是一种务实也朴素的人生模式，生育是一个长程项目，父母都是项目经理。

另一位是我在北京期间的邻居。当时，北京房价尚未起飞，四环内外还有普通人买得起的房子，尤其是那些房型、方位不太好的。当时我所在的小区，剩下的最后一套房子在保暖层，这就意味着它比其他房子矮一些，所以迟迟没有被卖掉。

有一天，一个陌生人加了我的联系方式，是转了无数道弯介绍过来的，问了许多关于房子、小区和物业的细节。原来她与丈夫都是京漂，两人新婚，正在看房，看到满意的，便转弯抹角地找到已经入住的业主，以得到第一手的资料。但她是如何知道我住这个小区的，我至今不知。

当我们成为邻居后，我第一次去她家，赫然发现，两室一厅里，唯一的家具就是一张床，唯一的电器是冰箱，没有电视没有桌椅，只因首付已用尽双方家庭的所有积蓄。

此后几乎每个周末，他们都在远远近近的家具市场、大型超市游逛，有时也好心带我去。我跟着他们，学会了挑选抽水马桶。我与他们在同一个市场买过同一个型号的长餐桌，我花了1 600元带四把椅子，他们买下来是1 200元带六把椅子，卖家还送了他们一个小板凳。

这巨大的价格差异是如何实现的？那把餐桌，他们足足看了两个月，与卖家杀了两个月价。无论卖家怎么摇头拒绝、不理不睬，他们就是嘴甜甜地说："大叔大姨，我就要您这张样品桌子，反正也放几个月了。"最后卖家松口了。

那把小板凳是怎么回事儿？她一屁股坐在小板凳上就不肯走了，非得让人家送她。当时，她已经怀孕了，大肚子好像也是一种分量，她说："我替我肚里的孩子拜托您了。"就连宜家买的抱枕，发现家乐福便宜5块钱，夫妻俩也立刻去退。

我是亲眼看着他们，像燕子衔泥一样，一点点地把他们的家建设好。我也看过她做的表格，上面列出附近所有的幼儿园、小学、打疫苗的地方，连哪家社区医院能挂急诊都打听好了。她絮絮给我算过，月子里，谁家的父母来照顾，还有另一家会有个表妹到北京上学，也能搭个手，以及如何用柜子隔出空间，摆下两张大床和一张婴儿床。

也许大部分婚姻都是一地鸡毛，但有智慧的人，能用鸡毛搭出一个鸡窝，再在鸡窝里养一只金凤凰。

另一位朋友，结婚三年才买房。他每天水深火热地去监督装修，向我们吐槽装修队的种种不靠谱。他每周和妻子去听孕妇讲堂。我们问:"怀上了?"他说:"怎么会?装修污染。""没怀为什么要上课?"他正色道:"怀了才发现没有该知道的知识还来得及吗?"就是从他那里,我第一次知道,还有"最佳孕育时间"这一说。专家在课堂上讲:"孩子最好出生在四五月,春和景明,可以天天抱出去玩儿,不怕缺钙……"他给我们讲到这里的时候,轻轻一击掌:"我和我老婆也是这么想的。"

那一瞬间,我看到了幸福——燃烧着的、流动着的、在一木一瓦、在每次听课讲义中的幸福。

只是……这位朋友后来离婚了。

他去了另外的城市,有了新妇新儿女。他很可能跟他以前的孩子完全断联了,因为他说不出孩子高中上了哪所学校,也许那孩子根本没上高中?但至少在那一刻,当他说到春天,他眉间的喜滋滋,无论如何算是爱情吧?

而一个因爱情而来的孩子,便已是受到祝福的。

所以,如果你遇到让你安心的人,准备进入一段关系,如拼图碎片进入它的框,即使你看不到整幅画完成的样子,是深蓝夜空抑或一丛馥郁的绣球花,但你知道,这是对的位置,你是画面上不可或缺的一角。

那么,你可以为这完整做些什么呢?养宠物是个选择,种一棵花椒树也是。

但生个小孩,就像拼对了一片拼图,立刻延展出一排,也是个很不错的选择。因为你的幸福，可以有人分享，而那新生的小人儿，又能为这幸福锦上添花。如果婚姻是同舟共济，孩子就是压舱石；如果婚姻是比翼齐飞，孩子就是等待着你们的雏鸟。

欢爱之后，床笫之上，或许他抚着你的脸说："我们要个孩子吧？"且慢，不要冲动，不要立刻答应。最情投意合的瞬间，像火锅滚烫地上桌，热香扑面，但你一定要耐心，让它慢慢地凉到可以吃的温度。让新婚的情意稍微冷却，让缺点暴露，他不再抱着你睡觉，把手从你头底下抽回去，说压麻了。你才知道，男人洗澡指的仅仅是让水流过身体；他实话实说，从来不喜欢你的闺密们；你还在犹豫，要不要告诉他，你很讨厌他妈妈……

你们稍微积蓄了一点儿金钱，有现金傍身，让人胆壮；你看过邻居如何养孩子，先行一步的同事们慷慨地表示，要把从上一手接过来的摇篮再传给你，这都是"革命火种"，要代代相传；你和他都做过全身体检，让人满意的结论匆匆看过，有些数据可能需要复查；你知道生育大概意味着三年之内不能恢复全职工作，这可能是你职业生涯很重要的三年，你将如何处理应对？……不，不需要全部想好。

很多问题，需要一生的时间才能得到答案。

也有些问题，你曾经忧心忡忡，直到最后发现它根本不存在。

总之，幸福的婚姻，一年左右，就差不多可以考虑要个宝宝了。

你的孩子价值千万

一位姐姐告诉我,她决定生小孩,是她经过痛苦漫长的煎熬,终于接受了"婚姻完败"这个现实。但她当时已经快35岁了,而离婚需要时间,一拖两三年,再加上之后择偶恋爱的时间,她很可能就直接被拖到育龄末期。她考虑过婚内出轨,两条腿走路,一边离婚,一边寻找下一位伴侣。但她很快发现,愿意和已婚女士交往的男人,几乎都不可能成为孩子的好父亲。最后她心一横,不管三七二十一,她要成为母亲。她实现了,在35岁那一年,她失去了一段法律上的婚姻关系、一套房子,但得到了一个宝宝。她说:"按房价来看,我的孩子价值千万。"很庆幸,她说她从未后悔过。

女性的孕育年龄比男性短很多,这使得很多女性在35岁,最迟40岁之前,便陷入焦虑——此刻不生,可能一生都生不出来了。但并不是每个人在那个时间段,身边都有良人。怎么办?

当然倒推起来就是,如果你在30岁之前,发现婚姻不如意,为了你可能到来的孩子,你应该离婚——因为你既不想孩子出生在每天"战火纷飞"的家庭,也不希望与孩子失之交臂。

孩子就是生命的原动力

或迟或早，每个人都会面临一个问题，那就是，你这一生所为何来？

你千辛万苦读了许多年书，你每天营营役役上班，你为了买房节衣缩食，你连厨房的吸顶灯都货比三家。这些都是为了什么？你积累财富，这财富要留给谁？你渴求知识，但知识若不能代代传承，就像薪尽火熄，岂不是巨大的浪费？你是世上微不足道的一个人，多你一个不多，少你一个不少，那么，不如此刻就躺平，而不必等到死后长眠？

这种状态，一般被称为"中年危机"。

年轻时候会觉得，只要努力，就会一直进步。到中年就明白了，再努力，也必然退步。一生只有一次巅峰，奥运会冠军也有退役的时候。而退役之后，前半生的征战还作数吗？退役之前，想到后半生的没落，还有战斗的勇气吗？赚钱到底为什么，工作到底为什么？你需要一个答案。所以，在大部分情况下，是父母更需要自己的孩子，而不是孩子需要父母。

女儿小年四年级的时候，我送她去上奥数课。培训班离我家其实很近，但等公交车要很久。又因为附近一直在修地铁，路面拥堵，打车也不是好的选项。那时，共享单车刚刚出现不久，我等车等得不耐烦了，对小年说："如果没有你，我骑个自行车就去你的奥数班了。"她回我:"如果没有我,你去奥数班干什么呢?"她是无意中说的,却给了我很大的启示与震动。是呀,如果没有孩子,我们努力、进取、赚钱……的意义又在哪里呢?

带孩子上路,是负重前行。但是,如果不带孩子,何必上路?或者,哪里是前方?前进的方向是什么?能把一生献给某项壮丽事业的人,是罕见的;有巨大天分的人,寥寥无几;肩扛使命而生的人,更是微乎其微。

而普通人要面对的问题往往也很多。

我若是水,我流向何处去?

我若是器皿,我盛装什么?

我若是火焰,我要点燃什么?

是什么让我们珍惜生命?

是什么让我们愿意花费时间精力去积蓄财富?

是什么动机让我们不停地学习?

在大多数情况下,为人父母需要一个动机,需要一个依靠自己的人。而我就是孩子的依靠,并且这依靠必须强大。所以,在养育孩子这件事上,我最满意的一点是,我从一开始就认真想过了,我要一个孩子,因为我需要孩子来让我更幸福更快乐。

我不知道,这种坚定的信心与要求,是不是爱。如果是,那么我可以说,我在小年出生之前,就已经在很认真地爱她了。当然,爱还有很多种解释,很多很多种。

生育不能"包治百病"

孩子的出生,不能令你的丈夫一夜成熟。

恋爱中的女子,会抱怨男方幼稚不懂事。过来人就说:"他没结婚是这样的,结了婚就好啦。"这样的话,我在年轻的时候就天天听。

结了婚,男人等于有一个亲妈加一个"小妈",他更懒了,每天不是老妈做饭就是老婆做饭。过来人又说:"他没当爹就是这样的,有小孩就好了。"

孩子的出生,并不能令新手父母一夜成熟。我见过很多新手爸爸去酒店开房休息,理由是,他母亲、岳母、老婆每天晚上要照顾小孩喝奶,小孩哭得他连觉都睡不好。

他从来不觉得自己有义务出力,因为他觉得自己没奶,照顾孩子的人那么多,自己插手有用吗?

有多少男人在妻子的孕期、哺乳期外遇,这始终是个不详的数字。新妈妈内忧外困,丈夫的所为也一点儿不让她宽心。

孩子的出生,不能令你的婆媳矛盾融化。恰恰相反,没生小孩之前,你们还能虚与委蛇,保持面子上的客气;孩子出生后,家务劳动迅速翻了几十倍,不是你妈妈照顾,就得你婆婆动手。如果你婆婆既勤劳又不勤劳,既有领导力又没有领导力,比如,她觉得有义务洗尿布但又实在不想洗，她既觉得有义务教导你又实在没什么文化水平……那"恭喜"你，你们的矛盾会大爆发。

虽然你们已经共同爱着一个人——你婆婆的儿子，你的丈夫；还将共同爱另一个人——你婆婆的孙子孙女，你的儿女。但这不意味着，你看到她嚼碎食物喂你的小孩，你不怒火中烧；也不意味着，她能接受你一出月子就给孩子断奶。

你们始终是两个独立的人，各有各的经历，各有各的价值观，可能一生都无法做朋友。如果这些都想清楚了，那么，我们可以进入下一场了——迎接一个孩子。

第二章

生育是一场值得的冒险

生育是父母自己的事

有一天,我在网上看到一个妹子说到单身生育,立刻就有人出来批评她:"自私!你想过孩子的感受吗?孩子希望没有父亲吗?"这给了我一个启示:第一,到底有没有人能证明,孩子"希望"有什么或者"不希望"有什么?第二,人类有各种育儿模式,到底能不能证明,哪一种模式最适合孩子,最能满足孩子的感受?

首先,孩子都希望有父亲吗?人类社会最初就是母系社会,孩子们是在母亲、外婆、姨舅的共同抚养下长大的。全社会都没有父亲,显然不可能所有人都有严重的心理创伤。在人类的长河里,群婚、对偶婚等都一一出现,目前比较普遍的婚姻及育儿模式没有一种是完美的。

中国传统大家族模式，家里有爷爷奶奶爸爸妈妈叔叔伯伯婶婶——自私，你们想过孩子的感受吗？孩子希望有这么一大堆亲戚吗？

一夫一妻核心家庭模式，家里只有爸妈和娃——自私，你们想过孩子的感受吗？孩子希望没有爷爷奶奶吗？你们忘了伟大的雨果吗？他说："世上可能有不爱孩子的父母，但绝对没有不爱孩子的祖父母和外祖父母。"

一夫多妻或一夫一妻多妾制，家里有一爸一堆妈——自私，你们想过孩子的感受吗？孩子希望在这么错综复杂且畸形的环境下长大吗？

单亲或者隔代养育家庭模式——自私，你们想过孩子的感受吗？孩子希望缺爸爸/妈妈或者俩都缺吗？

寄养模式或社会养育模式，把孩子放在寄养家庭或托儿所、幼儿园——自私，你们想过孩子的感受吗？孩子希望看不到爸妈吗？无论是一年看不到一次，一个月看不到一次，抑或一天有半小时看不到。

还有收养家庭模式等。哪一种模式的父母不自私？

那么，到底以什么状态、什么样的方式养育孩子，才算不自私，才是真正考虑了孩子的感受，才是成全了孩子的希望？抑或生育本来就有自私的一面？

1984年，中华人民共和国参加奥运会。要参加奥运会，必须同时参加残奥会。于是代表团就在北京福利工厂里挑选了几位工人，经过培训，他们就去参赛了。我曾经写过中国第一位残奥会冠军的故事，她叫平亚丽，是盲人，一生下来就被诊断患有先天性白内障。她在盲校练过短跑，在福利工厂工作时被选中参加残奥会，为中国获得了第一块残奥会金牌。

但这件事并没有改变她的命运。她嫁给同厂的残疾工人，生下一个盲人孩子。此后工厂倒闭，她下岗、离婚，还要抚养同样残疾的孩子。我记得她说，当时每天晚上她都在想如何去死，怎么才能保证她和孩子都死去。

她万万不能自己死去，把孩子一个人留在世上，因为她自己就是孤儿，她八岁时，母亲就去世了。因为盲人的行动力有限，所以行动范围也是非常有限的，她死不了。白天，她就去做"身残志坚"的演讲，因为这是当时她唯一能找到的、能赚钱的方式。

我记得，我当时边写边流泪。你要批评她的选择吗？身有残疾，她就不应该做母亲吗？以当时的医疗水平和她的文化程度，她可能都无法确定残疾会遗传。就算她确定会遗传，她有没有权利做母亲呢？这不好说，至少法律没有剥夺她做母亲的资格。

相对来说，我是比较不认同"子宫道德"这个词的，因为这里包含了一个观点，就是穷人、笨人、不好看的人、残疾人……他们的出现与存在，都是不道德的。知道自己的孩子或将如此而决心孕育他们，就是"子宫不道德"。这是你自己的道德观念，是否可以用来评判其他人？而且美丑、智愚、健康，都是相对的。

很多年前，央视有一档节目叫《实话实说》，各地电视台也出了类似的节目。我记得有一期节目请了一对听障夫妻，他们生出了一个听力正常的孩子。热心人士愿意送他们的小孩去全日制幼儿园，让孩子在语言环境里，像一个健康孩子一样长大。但这将意味着孩子与父母将语言不通，无法交流。所以这对夫妻谢绝了热心人的好意。

这件事在当地掀起了不小的风波，于是电视台举办了一次谈话。听障夫妻与另一对夫妻同上电视。那对夫妻与他们的情况截然相反，夫妻俩听力正常，小孩却没有通过听力测试。于是他们早早就给孩子装了人工耳蜗，天天带孩子去做各种康复，现在小孩耳聪目明，在普通小学里念书。

那对夫妻讲到对孩子的付出，现场观众都不禁落泪。而这一对残疾人夫妻口不能言，只能用手比画，让翻译说出他们的意思："你们会说话，你们就让不会说的小孩也学会说话——你们为什么不跟小孩一样，学着不说？我们虽然不会说话，但也过得挺好，所以我们认为小孩也不需要说话。为什么一定要小孩学会说话？"当时我还年轻，毫无疑问地觉得这对残疾人夫妻蠢得骇人听闻。现在年纪大了，再来回想，虽得不出答案，但是多多少少能理解一点儿他们的想法。

有一次，在清晨的地铁上，同排座位上有两个小孩特别吵，就听见他们一个"啊啊",另一个"啊啊",你喊过来我喊过去,打打闹闹。好吵,不能好好说话吗?我心里烦,突然我意识到他们可能无法好好说话。我小心翼翼地抬头偷看,他们应该不到 10 岁,穿得格外密实。才刚 11 月,他们就戴着雷锋帽,在武汉这样的城市,不免夸张了些。

两个人一直在用手语聊天,热情洋溢,想吸引对方注意的时候,就"啊啊"叫,用手肘抵对方,就像普通孩子喊对方名字一样。一位站在他们身前的中年女士,拍拍他们,指指车厢上方的电视屏幕说:"到了吧?别坐过站了。"也不知道是听懂了,还是看出了女士的意思,两个人都向她比出"二"的手势,显然是还有两站。中年女士点点头,就下车了。两站很快就到了,他们背起双肩包起身,跑到最前面一节车厢,趴在窗上看列车员开列车。看到高兴处,两个人互相抵,"啊啊"地叫着,让对方来看。

我看着他们想,究竟谁有权利,能够不让这样的孩子来到这世界上?到底哪种方式,对孩子是最好的?

有人觉得某些父母不道德,但你并不会帮助他们养育孩子;有人觉得某些父母贫穷,生小孩是没有"子宫道德",但贫穷富贵也是相对的。说来说去,子宫长在女人身上。在大部分国家,尤其是中国,养育孩子几乎都是父母自己的事儿,大概是不能用"自私"或者"道德"这样的词来轻易评判的。

你能承担独自抚养孩子的责任吗？

我有一个生了女儿的女友，表示不想让女儿结婚，但是她表示女儿愿意恋爱就恋爱，愿意生小孩就生，她可以帮忙带。也有很多年轻姑娘这么说："我妈会帮我带小孩。"

我不否认，对很多中国女性来说，一生中最幸福的时光，就是没结婚时承欢膝下。但是，20岁做父母的娇女儿，和40岁还与父母生活在一起，这是完全不同的两件事。

正常情况下，40岁的你，已经工作了将近20年，拥有了一定的社会地位、经济自主能力。社会上的事儿，你懂得远比你父母多，你明明是社会的中流砥柱，但你在家里还是个长不大的孩子。

父母会管你几点起床，管你在晚饭桌上吃这个菜不吃那个菜。你因为工作的事着急上火，他们就会热情地给你烙苦瓜饼。同时喋喋不休地教育你，要与人为善。他们听你打电话、发语音，等你放下手机就问你，对方是谁？他们随时觉得你会被骗，什么事情都恨不得替你做主。他们有古老的价值观与金钱观，你买什么他们都觉得你买错了买贵了，唠唠叨叨教育你几个小时。

而且，你40岁时，他们多少岁？70岁。你能和70岁的父母吵架吗？

不能，你得忍着。

当然，结了婚这样的事也会出现。但是，中国家庭的"成年"标准就是结婚。首先，一旦结了婚，你就可以和配偶有一个独立的住处，可以摆脱他爸他妈，也可以摆脱你爸你妈。其次，你一结婚，所有人都默认你不完全是这家的女儿了。你结婚了，就是大人了，父母即使看你再不顺眼，他们也觉得当着你老公、小孩的面，得给你面子。再次，老公惹毛你了，你能和他吵架；你对公婆忍无可忍，也能撕破脸；你和父母不愉快了，还能转头向老公倾诉，而当你单独与父母生活在一起，你能和他们吵架吗，你不在乎他们的血压吗。你没老公可倾诉，虽然有闺密，但次次打扰人家，你也不好意思的。

十多年前，我就看过文献。文献上说，在欧美，老一代因为要帮女儿带小孩，一方面啧有烦言，但另一方面很自然地把女儿和外孙子女一起管。这对女儿来说是很难忍的。一是当父母天天在孩子耳边说"你看你多失败"的时候，这在极大程度上伤害了他们作为成年人的自尊。二是天天被批评教育，这也影响了他们作为家长的权威。世界是不公平的，因为男性也可能单身就有孩子，但他们往往把小孩往父母那儿一丢，就去过自己的生活了。

如果你觉得，你作为外祖母，能接受你的女儿如此，愿意独立撑起养育外孙子女的重任，那你还不如自己生一个。或者你作为母亲，足够自我与倔强，那么你可以试试。

有部电影叫《春潮》，讲的是报社记者郭建波、母亲纪明岚与女儿郭婉婷的故事。她们同住在一个屋檐下,祖孙三代因亲情关系捆绑在一起的生活,看似平静实则暗潮涌动。

记者郭建波在报道社会负面事件的同时,也在揭开自己身上的伤疤;母亲纪明岚在外为人热情、受人爱戴,但是回到家却判若两人;女儿郭婉婷小小年纪就学会了成人世界里的种种生存法则。一次次的叛逆与反抗都在隐忍中归于平静,一场悄无声息的战争在三代人之间暗自滋生,终将爆发……在电影中,女儿吃饭是低眉顺眼的。这不是爱,不是孝顺,这是她唯一的选择。母亲郭建波的男朋友说了几句客套话,夸了夸她。母亲立刻接过话头,把她讲成个废物,不堪用也不能扔。

一个成年人,当着另一个成年人的面被如此羞辱,但因为羞辱她的人是母亲,而且母亲很可能是真心爱她的,除了忍,还有什么选择。女性与男性之间,可能有血雨腥风。但女性与女性之间,哪怕是亲母女,也未必全是脉脉温情。

总之,我从来不反对不婚不育或者单身生育,但我反对成年人和未老到需要赡养的父母生活在一起。所以如果你打算生育,请做好自己带小孩的准备。

如果生出了一个像我一样难带的小孩

朋友邦尼聪明绝顶，情商却让人一言难尽。我问他："你小时候，是你妈亲自带的吗？"他说："是的。不怪我妈，是我太难带了。"所幸的是，他听出了我问题的方向。

他老家是个县城下面的小镇，他出生的时候，人们还没有剖宫产的概念。邦尼妈妈难产，疼了几天几夜。产后他妈妈没有奶，而且他还是一个特别难带的小孩，没日没夜地哭。奶瓶递到他的嘴边，他先用警惕的眼光看看，嘴紧紧闭着，坚决不吮吸。直到父母要撬开他的嘴，把奶瓶强塞进去，他就一边号啕，一边打挺，一边把奶嘴往外吐……我说："你是高需求婴儿呀。"

所以邦尼有一个问题："如果我的小孩像我一样难带怎么办？"我说："你不也上大学了吗？该上班上班，该创业创业，甚至还赚到了钱。而且你现在有了经验，如果你自己的孩子这么难带，至少你不会像你父母一样焦虑。"

我们都是携带先天人格降世的，性格或许后天会改变，但气质受先天影响很大。人生下来不都是完美的，有人天生就焦虑。如果一切都要追溯到童年伤害的话，这种婴儿期就很爱大哭的孩子，只好追溯到分娩时受到的感情挫折了，或许是护士阿姨没有一抱出来就极力赞美孩子美貌——这听起来更像个笑话，反正不科学。

同是婴儿，有些宝宝很早见到人就会大笑；有些宝宝连亲妈喂食，都得看着亲妈吃一口，才肯下咽。亲妈只好忧心忡忡地脑补出一部宫斗大戏："我儿子上辈子一定是被毒死的，所以两三辈子都有阴影。"有的宝宝七个月就想爬，有的宝宝十个月还不肯站。

再长到幼儿时期，有的孩子只要有吃的，一切置之度外；有的孩子啥都不吃，就是紧紧抓住大人的手……

但到最后，所有的孩子都会健康长大的。

怀孕期间可能遇到的各种问题

身体上千奇百怪的变化

我在一家网红馆子吃饭，这馆子是由两室一厅民居改建的，所以桌子很少，间距也窄。我身边的一位女士，向对桌发牢骚："我父母就知道算人家女儿给家里多少钱，他们有没有算过自己给了女儿多少。他们看着小电视，晒着小太阳，吹着小风过小日子，当然舒服了。他们哪里想得到，自己的女儿大着肚子还要奔波。"

我忍不住很自然地瞥一眼她的大肚子。她是位穿着朴素的女士，没化妆，一张脸黄黄的，几乎是孕妇专有的脸色，我在妇产医院见过很多次。

我经常跟年轻女子说："备孕第一件事就是调理身体。"完整体检一定要做，别以为年轻就是身体好的代名词。口腔科一定要去，妊娠本身不会引起牙龈炎，但由于孕妇体内激素水平升高，会使原有的炎症加重，孕妇容易发生妊娠性牙龈炎（据统计，发生概率约50%）。所以，一次系统的口腔健康检查是必要的，该拔的拔，该补的补。你不会希望在孕期，智齿与你的胎儿一道萌发。牙疼的痛度低于分娩，但如果两者叠加，只怕就如同地震与海啸同时向大地扑来。如果你想在孕期矫正牙齿，请咨询医生，如果你正在矫正牙齿，最好先避孕。别忘了你与医生制订方案的时候，是照过 X 光的。还有，别忘了补钙。老话说："生一个娃，掉一颗牙。"说的就是怀孕造成的骨质流失。还要适度健身，做孕妇操……

但是，我要更诚实地说，即使你做全了每一本备孕书中的一切检查，怀孕仍然是一段不可测的历程，你不能预知迎接你的将是什么。单说我自己在孕期中的有惊无险：一过性的肝功能受损、直到临盆几乎没有间断的出血、突发的荨麻疹、糖耐量受损、宫颈息肉……每一次我都追问医生为什么会如此？我挂的往往是特需门诊，医生都很耐心地回答："没有为什么。"我庆幸到最后，我平平安安地生了小孩。

科学技术还没有发展到能清晰地诠释孕育是怎么个过程，那就相当于宇宙起源，从零到无限大。身体里的天翻地覆、鸿蒙初开，谁能完全知晓？有些是病，但更多的是"非病"。就像我此刻看着那位脸黄黄的孕妇，想到很多可能性，她的肝功可能受损了，像我一样；也许是她运气特别不好，患上孕期胆汁淤积症，脸上是黄疸；也许这只是黄种人的本来肤色，她没用有美白功效的护肤品。

总之就是这样，虽然坊间有很多书和视频，教你如何美美地做个孕妇。但客观上，孕妇就是容易发胖，变得没那么好看。无论多么勤搽油，也说不定在某一天，你突然看到肚皮上绽出了花树般的妊娠纹。

但是，就像我刚刚说的"一过性"。黄黄的潮水升高，漫过你的身体又缓缓退下，水渍总会干的。你即使为了孩子胖成了一只"企鹅"，相信我，生完小孩的你，又会变回原来的"天鹅"。这是一次身体的探险，你的身体将进入前所未有的世界，领略从未有过的风光，并非完全是坏事。

我是在怀孕之后，才开始意识到核心稳定的意义。我原来胡乱做做瑜伽，也去过多次健身房。我知道核心是指身体中段，但我不知道它为什么一定要稳定。直到怀孕，突然间我需要用三角函数的知识，来确保自己安全无虞。下楼梯的时候，我要先预判这一步下去会有多远；站起来之前，我需要握住一个借力的东西。我意识到我的核心是软弱的，撑不起孕期的变化，有可能也撑不起我的晚年。我想牢牢地站立于大地，如山如岳——我找到产后健身的方向了。

第二章　生育是一场值得的冒险

在产检的惊吓中强大起来

怀胎十月是一场修行，越到瓜熟蒂落，风险越大，所以孕早期其实根本没有孕检，三个月后才开始一个月一次，而孕晚期则是一周一次。但孕妇们的反应，却恰恰相反。我见过孕六周的女子一见红，就慌慌张张半夜去挂急诊；而那孕 36 周的女子，一听医生让她准备剖产，立刻冷静地打电话给老公，让老公送待产包。

为什么？因为每一次产检，你都可能受到一次惊吓，心惊肉跳到一定程度，负负得正了。有时候医生随口一句"这胎心有点儿慢呀"，孕妇能回家哭到下一次产检。也可能是繁杂的数据里，有一两个值偏高偏低，往往还只是临界，孕妇还没出诊室门口，已经掏出手机在搜搜搜，务必要弄清那个值是什么。

你哭泣，你询问，你探求安慰。而这时，也许你已渐渐发现，情绪价值毫无帮助——即使一万个人握着你的手说没事的，都没用。网上支离破碎的信息只能让你烦上加烦。互联网是无边大海，浩瀚里有的是珍珠与真金，但你不是专业人士，你淘不到。

既然如此，不如就踏踏实实照医生说的来，让你观察就观察，一天天记录胎动；让你多喝水，就去买一个惊人的大杯子。惊也无用，急也无用，还是按部就班往前走吧。心神平静，对你对孩子都好。

和伴侣充分沟通，别让他当甩手掌柜

当你将要成为母亲的时候，你会惊骇地发现，你身边的这个男人，竟然会掉链子！他当然是喜欢孩子的，当你娇羞且快乐地告诉他这件事，他恨不能向全世界公而告之，非常有成就感，"我都能弄出一孩子了"。他以为这就是全部了，你怀你生你养，男人从来没想过这件事里面，自己居然还要出力——有他什么事儿呀？他不应该是无功受禄的那个吗？

而怀孕的女人却是战战兢兢的，因为她怀了一生的命运与责任，她肩上有重担，肚里有抱负，她必须紧紧抓着什么，下意识地依赖配偶。但如果对方不堪依赖呢？这样的故事在现实当中也多有发生。

故事一

那还是挂号排大长队的年代，妻子掐着时间做第一次产检，要丈夫陪。丈夫感到莫名其妙，疑惑这种检查有什么可陪的。到了当天，8点开诊，妻子7点催丈夫出发，丈夫在床上翻个身，说："医院上了班也不能立刻干活吧，怎么也得9点才有医生吧。"好不容易起了床，丈夫还要吃个早饭。结果，到医院的时候，挂号窗口空无一人。丈夫说："你看，根本就不用排队。"凑过去一看，窗口是关着的。一问分诊台才得知连下午的号都没了,护士说:"别人都是7点排队,8点过5分钟就挂完了。"丈夫不服气,要换一家医院看看。去的是更好的医院,人家都是前一天晚上就来排队。妻子还没说什么,丈夫先烦了:"以后检查你自己来,我没工夫和你白跑!"这故事的结局是他们离婚了,当时他们的儿子只有三个半月大。

故事二

丈夫很委屈,却不知道这委屈从何而来。妻子本是个很坚强、很开朗的女子,怀孕到第六个月,还什么都自己来。妻子一直在上班,仍然是一站一整天,经常是深夜回家。她想泡一下澡,放松疲惫至极的双腿。而浴室地面太滑,浴缸边缘又太高。妻子喊丈夫扶自己一把,扶自己进浴缸,泡完了又喊丈夫把自己扶出来。丈夫来了,但一脸懵懂,他不理解这么点儿小事干吗还指着他,他完全是怀着"圣人般"的伟大情怀在"惯她这毛病"。

她的婆婆是位明理的老人,她经常打电话来叮嘱儿子:"你要多做家务,必须得让你媳妇多休息。"婆婆请了钟点工给他们打扫做饭,他们到家的时候,有现成的晚饭,仅剩的家务也就是洗碗了,他万般无奈地接了过去。

过了很久,他才袒露心声,在幽暗的厨房里,握住满是油腻的碗筷,他满心都是委屈。他明知道没什么可委屈的,这是他该做的,但就是委屈。外面是明亮的客厅,妻子躺在沙发上,舒服地安顿好大肚子,在用投屏看手机上的视频。适度的吵闹、有节制的温暖,越发衬出他的可怜,他一个人,像弃儿般地在洗碗。就像被父母冤枉的小孩,就像受了虐待一样,他差点儿想扔下碗筷离家出走。幸好,他没有。

故事三

每位孕妇可能都遇到过这样的场面:产检现场,一位孕妇哭成泪人:"不可能,我是规规矩矩的,我一共只有我老公一个男人,你肯定弄错了……"医生面无表情,平静是最大的慈悲:"孕期免疫力低,也有可能你在外面用了公共浴室或者住酒店时候的马桶……"那孕妇还会负隅顽抗:"我没有,我连酒店都没住过。"总是在她离开之后,候诊的孕妇音量开始放大,见多识广的护士们也参与评论:"就是这样,老婆一怀孕一坐月子,男的就管不住自己,然后把病带给老婆……"

我的孕期特别不顺利,我住过三次院,做过 13 次 B 超,分别去过四家医院做检查,我上过不同医院的孕妇讲堂,我产检的次数不计其数……所以即使这样刺激的画面,我都目睹过不止一次。

曾经,你是个小姑娘,你结婚只是为了爱情。你所有的择偶标准,都是"择偶",为自己寻找伴侣。但此刻,你即将是母亲了,而你将给你的孩子，找一个什么样的父亲？是懒惰的、娇纵的、自私的、软弱的、冷漠的……抑或是热情得像孩子的大哥哥？睿智得能够做孩子的老师？宽容得能够咽下养家的辛苦与委屈，这样的男人必然坚定得是一个家的梁与柱。

当你的想法改变，行动也都随之改变。和你的伴侣好好谈一谈吧，吐露你的心声，倾诉你的恐惧和对未来的期望。并且要更深地揳入家庭财政事务，管住男人的钱。别听他们说"管得住男人的身，管不住男人的心"。有人云："一个男人的钱在哪里，心就在哪里。当你握住男人的钱包，就是握住了他的心。"除了财务，你还要爱娇地、跋扈地、坚决地，让丈夫多做家务。此刻，他不能扶蹒跚的你过马路，那你将来如何叫他拉着学步的孩子看红绿灯。是的，你是不太需要照顾的成年人，哪怕你正在怀孕，你的孕期正好可以让男人练手。否则，你准备把你珍贵如泰山的小宝贝直接塞给这个手足无措的男人吗？如果他现在都觉得给行动不便的大肚子老婆洗脚很辛苦，那么他将来不会觉得养育小孩是一件更麻烦的事吗？

有时候，不是思想改变行动，而是行动改变思想。要让你的男人知道，男人成立一个家庭，不是当大爷的，而是要照顾家人的。多多分享吧！这种分享可能是行动，比如让他放下手机，陪你一起散步。即使是一小段路，你也可能会出很多状况。当你突然想小便——一点儿不夸张，因为你膨大起来的肚子会压迫到你几乎所有脏器，也包括膀胱——两个人只好慌慌张张找厕所，向酒店门卫低声下气哀求。这种记忆是珍贵的，是一种城市里的相濡以沫、相互依靠。这种分享也可以是语言上的分享，告诉他你的恐惧，万一孩子不健康怎么办？B超、四维、羊水穿刺……没有一个可以百分之百保证你的宝宝完美无瑕。告诉他你的担心，如果父母不够优秀，会有一个够优秀的孩子吗？鸡娃你不忍，但不鸡娃会不会耽误孩子的一生……

有时，分享不应只停留在语言，还要有身体上的亲密。让他帮你按按你浮肿起来的腿脚，一按一个小坑，半天才慢慢地平复。这种经历几乎是令人吃惊的，尤其是对初为人父的男人来说，即使他嘻嘻哈哈觉得很好玩，也是一次冲击。这种"亲手按及"带来的触动，远超过你对他说你的辛苦、你的疲劳……

此时的你，是只"雌企鹅"，你要你的"雄企鹅"给你很多很多的爱。我们都知道，自然界的雄企鹅也是高度参与育儿的。

孕检时那些残酷的数字

我怀孕的时候，遇到的第一个残酷数字是流产概率，在所有临床确认的妊娠中，自然流产的发生率约为15%。如果你觉得这个数字不算可怕，你可以想想，什么人会出于什么目的去搜索这条信息。没错，我见红时，医生给我下的诊断是早期先兆流产。如果这还不够恐怖，我在孕 26 周时，医生又给我下了晚期先兆流产的诊断。而且医生是这样说的："如果你现在发动了，不能保证你的孩子存活，不能保证孩子健康，任何医院都不能保证。"

这时候，15% 这个数字，像是黑闪电一样无声划过。不知道为什么，孕期还有很多 15%。在所有妊娠期糖尿病患者中，有 15% 会转为终生糖尿病。我曾经被下过妊娠期糖尿病的诊断。FGR（胎儿生长受限）患者中，有 15% 终生受限。我的孩子，被下过 FGR 的诊断。我要实话实说，我血糖偏高，但我疑心是自己控制得不好；我的孩子始终长得不高，处于正常值中的偏下水平。

我并不能百分之百确定，我是那 85%。

每个孕妈妈都有可能是那 15%。

甚至更残酷的数字也有可能出现。

2014 年，一个朋友突然打电话给我，就在几个月前她才告诉我怀孕的消息。我想当然地准备说恭喜，并立刻打开淘宝搜索喂奶枕，她却说："姐姐，我的孩子出问题了。"

最后一次产检后，丈夫温柔地跟她说，他找了"大师"，建议提前让孩子出生。她虽然取笑丈夫太迷信，但还是顺从了。之后，丈夫没有安排剖宫，让她痛了六天六夜后顺产。以我多舛的产育经验，我明白她丈夫是在为她孕育二胎做准备，因为剖宫产之后至少要等待一年到三年，才能再次受孕，而顺产几乎没有时间限制。

产后，朋友却不曾亲眼看到孩子的样子，到底怎么回事儿家人都不肯说。他们一直骗她说，孩子在 NICU（新生儿重症监护病房），直到她以绝食相胁，家人们实在瞒不下去了，才说："这个孩子不在了，和我们家没缘分。"

朋友哭成泪人："孩子落地的时候是活着的，我听见他哭了，我听见了。"不管说什么，都是枉然了。我唯有安慰她："孩子还会来的，听话，你养好身体，月子里哭会伤眼睛的。"她听而不闻："就算孩子有病有残疾，难道我们就没有第二种选择吗？姐姐，如果是你，你会怎么做？"

我突然明白她为什么打电话给我，因为我也曾是被命运捉弄的人。从怀孕第五个月起，我每天都在问自己："怎么办怎么办？"十万个怎么办的最终答案是，如果揭盅果真如此，我会带孩子一起离开。有没有第二条路？有没有？

我庆幸那只是一次生命中的模考，而最严峻的考验，并没有发生在我身上。我对她实话实说："你没有做错什么，我的选择会和你的家人一样。"时光飞至 2021 年，她的日子甜蜜喜悦——女儿刚刚上小学，她像许多妈妈一样，在考虑要不要再生一个。她抗拒"老大回来了"的说法，因为每个孩子都是独特的自己。

没有一条路是绝路。

厄运是魔鬼在游戏人间，而幸运是上帝的匿名帮助。

即使你曾失去过一个孩子

我曾收到这样一封信:"我三十多岁了,最近无法跟自己和解,陷入深深的焦虑之中。硕士毕业后,我工作了几年,又去读博,去年毕业,进入了一家省属的科研单位。入职三个月就发现自己怀孕了,当时为了工作,我继续搞实验,但工作环境不好,经常接触有机溶剂等,因此我不幸流产了。虽然不知道外部环境是不是直接原因,但是我很自责,也不敢再轻易怀孕。目前,我手上有两个省级项目,怕项目不能如期完成,我每天仍在做实验。可是家里人很担心我,我每天也很焦虑,不知道该怎么办。现在换工作也不现实,不换又该怎么办?"

而我,要说一个关于土鸡蛋的故事。

我自己在怀孕住院的时候,很喜欢逛病房,和其他产妇聊天。我也爱去护士站,因此,我很快就搞清楚了每个名字后面的数字是什么意思,比如,我是"1/0",就是孕1产0,表示我的孩子还没出生。

有一位孕妇的名字后面写着"2/0,不良孕产史",这是指上一次怀孕时,出现了不明原因的自然流产、胚胎停育、产后大出血,甚至是死胎或生下畸形胎儿等情况。我记忆中的这个孕妇,是个块头很大、爱说爱笑、看上去有些没心没肺的姑娘。不等我打听,她自己就说:"我上一胎是死产。"

看到她这么坦诚,我便问:"怎么回事呢?"

"不知道,"她悲伤地摇摇头,"当时我还大出血呢!医生都慌了,一边让血库供血,一边拿衣服给我按住。"

这一定是最摧肝裂腑的生产过程。每一次旁人的安慰都像在伤口撒盐,幸好她已经顶着南瓜般的大肚子,临盆在即。胎儿萌芽成长,即将瓜熟蒂落,这才是治愈上次意外的最佳方案。

我祝福她:"这一胎一定是大胖小子。"

她笑起来:"你还重男轻女呢,其实生什么都行,闺女更好,只要健康就好。"说着说着,声音忽然低下去,咕哝道:"不过我好怕,我其实没多大信心。"她的头也跟着低下去。

大家不知道说些什么,只胡乱搪塞几句,各自走开。第二天,忽然有家属挨病房送喜蛋。一问原来是她的。

我真心实意地说:"恭喜恭喜,大喜了!"

家属也笑得真心实意:"吃吧吃吧,我们专门去乡下收的鸡蛋,没染红色,颜料对身体不好。咱们都是自己人,不玩虚的。"

那一刻,这一枚小小的、热热的土鸡蛋,握在手里像握了一个温暖的小生命。

生活中充满了未知与偶然,谁也不能拍着胸脯保证自己一路顺风顺水。

高考时,准备得再充分的考生也有可能落榜,补救方法不过是再考一年。

赶火车时，起得再早，也有可能被堵在高速路上，用意念看着火车绝尘而去，大不了改签。

有时候，我们与孩子有可能触不到彼此的指尖。但请相信我，即使你曾经失去过一个孩子，但你终究会握到孩子柔嫩的、花一样的小手。

女子实在是一种太爱自责的物种了。当遭遇不幸的时候，她首先就会自我怀疑与自我责备，过度的自我归咎，除了让自己忐忑不安、情绪紧张，没有任何好处。人人都知道，心情影响受孕，最重要的是千万不要自责。

为了你的孩子，一定要学会放下往事，绝不自责。

第三章

孩子,妈妈是世上最无条件爱你的人

生产之痛

第一次看见丑丑的你

一堆人乱哄哄地要把我从车上移到病床上。旁观过那么多次,我知道,这需要一个人在床头接应,一人抬头,一两个人抬脚,还要有几个人在身旁帮手,才能把产妇顺顺当当地安放在床上。我妈一急,当时就脱鞋,准备上床接住我。我也急,挣扎着叫出来:"我自己来!"我只是局麻,虽然全身都是软的,胳膊上还插着一堆针,但腿没问题。不知道谁笑了出来:"这姑娘还挺能耐的。"护士长也扯着嗓子喊:"别让老太太上,别摔着她俩,哪位搭把手?"

我有心无力,使不上劲。任自己像截死沉死沉的木头桩子似的，在一堆手乱纷纷地承托下着了陆。腿感觉到了床，背也感觉到了床，但腿和背却像是两个独立的部分，中间缺了一块，我的腰仿佛被拿掉了。我像得州电锯杀人狂手下被割成两截的人体，又像魔术箱中被锯开的活人。不过没关系，魔术师向四面鞠完躬之后，会把箱子拼回原处，他的女助手也会一跃出箱，活蹦乱跳。

我旁听过很多次术后事项，终于这一次变成了主听者。术后六小时禁食禁水，渴的时候可以用棉签蘸水润唇，尿管24小时后拔下，留意排气，排气后方可进食。

一群人始终在我旁边，打针插管问长问短，然后唰地一下，像度假旺季结束，游客各回各家，小商小贩们收起蓝白条的凉棚关门歇业，曾经的笑声尖叫都是泡沫，消失在万里晴空中。在空无一人的沙滩，我是被遗弃的。我不知道该做什么，什么是一个母亲该有的样子？

女儿睡在我身边的小床上，一声不吭。剖宫对于她算是"擅入民宅"吧。她原本是蚕，蜷在茧里；她也是雏，嫩黄的喙正在积聚硬度，时机一到，一啄即破。当她的安眠被打破了，好梦正酣的她被抱出来。光，好刺眼；世界，好吵。

她知道这一堆是"人类"吗？她将长成人类。

她知道这一些乱七八糟的声音是语言吗？她将学会语言。

她像所有被扰了瞌睡的小朋友一样，抗议地哭过两声，就迅速忘记了曾经的巢，重新睡着了，只是皱着眉。用我妈的话就是"看那大眉头皱的"。从小读到的书上都说新生儿很丑，像小老头，满脸皱纹，红扑扑的。至少小年不是。她的头只有我拳头般大小，上半部分像橄榄一样尖尖的，有明显的被拉长感。

不是说难产、被吸盘吸出来的孩子才会这样吗？我疏通马桶的时候，用过搋子。每次将它紧密贴合在瓷壁上，用力一拔的时候，简直有"力拔山兮气盖世"的错觉。我知道吸盘的力量能有多大，婴儿小小的头颅、柔软的头盖骨，被拉得变形，似乎也很合理。好像也有人说过这是产道挤压的后果，但我是剖的呀，对此我很不理解。我妈说："已经入盆了呀。"入盆就会这样吗？我想到大肠、小肠的横截面图，当填满食物后，会饱胀如棒状气球，把子宫压得窄窄的。

女儿的头发从头顶开始，黑绒绒的，铺到脑后。那是软软的、令人不敢触摸的柔发，前额则是如新剃胡须般一片青森森的毛茬。我立刻担心起来："她不会是谢顶吧？"我妈说："你吃饱了撑的。"

女儿右眼皮上方有一块红记，我立刻想起霍桑的《胎记》，在乔治亚娜左边的脸颊的中心有一个奇异的印记……它的形状很像一只人手，虽然它只有身材最小的精灵的手那般大小。但爱乔治亚娜的人总说，在她出生的时刻，有个仙女把手按在她的脸颊上，因而留下了这个印记，作为她具有颠倒众生的魅力标志。

无法言语的痛之乐章

要如何书写疼痛？哪一种表达最清晰准确，最能让你感同身受？少年时读过一本书，书名只有简洁明了的一个字"痛"。书里面说，痛的特征之一就是无法表达，不能传递。你听见我"嘶……"的吸气声，你看见我紧紧闭着的眼睛，你感觉到我攥紧且满是大汗的手，你知道这些是痛，但仅此而已。你不知我的痛，正如我不知你的痛。

荒原进春后，能听见大地一寸寸拆裂的噼啪声。厚厚的积雪松动，从山崖上跌落下来，砰砰之声不绝于耳。草芽先醒，拔出新叶，刚从睡梦中醒转的羚羊就有了早餐。容绿叶铺满，马鹿初熟，再让肉食动物们告别漫长的冬眠，幸福地大快朵颐。但万事万物皆有自己的时序，春天不能用按部就班来形容，身体也是。

我以为会是知觉先醒，疼痛再跟上。但我不知道，疼痛会像开闸放水一样，只要有一线隙口，就会汹涌地淹没我。预防针是早就打了的，孕期第二次住院的时候，邻床的产妇告诉我："最疼的是宫缩。那疼得一阵一阵的，像要撕开一样。"剖宫产的也宫缩？"九个月呢，胀得那么大，不宫缩回去，难道永远那么大呀？剖宫产的就是不能自然缩，得打针缩，疼是一样疼呀。生孩子就疼在一个宫缩上。"

我才明白原来剖宫产也就是把生前痛变成了生后痛。同一种疼痛，无论前置后置，应该都不会影响其本质和强度吧。要我说，我还是宁愿选择生后痛。我见过邻床产妇在沉默中迸出石破天惊的一句："我疼得不行了！"我也听过远处不知哪床的产妇在尖叫："给我剖给我剖，疼死了！"比疼痛更强烈的是恐惧，我能挨得过去吗？我的孩子能够挨得过去吗？我的疼会传递给孩子吗？孩子是否在我的产道里同样挣扎痉挛？这难道是命运给予最明确的指令，要绞杀我与我的孩子？这一切，什么时候是个头，让我能看到、抱到我的孩子？

产后疼痛终于尘埃落定，孩子就睡在身边，不声不响，合眼微蜷，如还在胎中，如莲花轻轻合上所有花瓣。疼痛，来吧！我知道你伤不了我，像尼罗河水淹没原野，只会令它更肥沃；像压路机经过柏油路，只会令它更坚固。在我不能忍受的时候，我想到我已上了止痛泵，整个现代医学撑着我的背脊，帮我对抗你。你在我肚子里虚张声势，你撑我，像小老鼠想撑开蟒蛇；你又撕又咬，你会一鼓作气，再而衰，三而竭，而我不动如山。

两个护士走过来，先看看所有的针头、管子，调调这个动动那个，然后说："给你按肚子了。"我仰躺着，看不到她们的动作。突然间，像井口打开，石油喷发，肚子上的痛轰的一声爆开来，我忍不住短促地闷哼一声。护士安慰我："没事儿，给你把沙袋取了。"一只或者一双手，不，可能是两双手，在我肚子上有力地按下去，铺天盖地压过来的都是痛。一下，又一下。我想踢腿，踢不动；我想叫喊,又怕太逊;我的手在空中乱抓,给我什么都好,一根栏杆或是一根稻草。突然间,一只手握住了我的手,是我妈。完全是下意识的,我的呼吸与她们的手势同步。每按完一次,我都长舒一口气。再一次,我就痛得屏住呼吸。忍不住,我想蜷曲起来。"放松放松,越这样越疼。按肚子是帮助你宫缩的,让你排恶露的。"我妈教我:"深呼吸,深呼吸,按之前先深呼吸,随着按的过程慢慢吐出来……对,对,就这样……"我痛得七荤八素,都不知道我是怎么做对的。

她们停手了,利落地帮我重新绑上束腹带,问我:"能承受吗?"我点头,她们就用力再拉紧一点儿,粘好。束腹带真是好东西,像铁笼一样困住了痛之猛兽,它的爪和牙立刻失去了用武之地。她们利落地给我掖被角:"过三小时,我们再来。"并安慰我道,"你放心,会越来越不疼的。"我想咬着后槽牙说句豪言壮语,奈何痛得一句话也说不出来。一共按了几次肚子,也想不起来了。

我牢牢记得产前护士们说的话:"如果术后 24 小时不能拔掉尿管,就永远拔不掉了。"我连想都没想过要带着尿管过一辈子。我知道要排了气才能进食,才能履行"吃的是草,挤的是奶"的重任。但如何才能排气?忘记是谁告诉我要多活动,最好在四小时之内就自己下床解手。当许多知觉混在一起时,痛觉与痛觉也要分个先来后到,不再是胎动而是宫缩。

我疑心自己并不曾感到有尿意,只是太紧张,我不想错过四小时的黄金期,便说:"我要去卫生间。"我稍微一挪,就是一阵钻心的痛,又不敢把自己庞大的身躯交到我妈手里,所以找来了两个护士。下床和上床一样艰难,一个人搬腿一个人移头,我拼命用手肘支起身体,迎来一阵剧痛。我手一软,跌回时居然没有声响,因为我的身体根本没离开过床板。

我对自己说:"人家可以,你有什么不可以?孩子都生了的女人,还有什么好怕痛的!"容我慢慢来,动作分解如下:第一步,挪到床沿;第二步,直起上半身;第三步,把腿移到地面上,有着地感;第四步,慢慢站起来。

我一阵阵晕眩,腿软得像泥菩萨,感觉随时会轰然倒塌,碎得尘归尘、土归土。伤口疼得我龇牙咧嘴,我咬牙闭眼,等痛觉过去,像峡谷知道大风不会终日不休。若是它盘踞下来?也好,习惯了痛的人将不觉得痛。

小护士一左一右搀定我,我定定神,抽出一边手臂:"一个就够。"因为三个人节奏难以统一,更容易扯到伤口。一步一步,连滚带爬,扶墙进扶墙出。我在马桶上坐下,又是一阵扰攘。坐定,微微用力,抽痛像是电流,攸地通过我。我身体枯竭,坐了几秒,还是没有尿意。护士肯定地说:"有的,你看你今天输了多少液,那都是生理盐水。产妇第一次排尿会比较困难,是正常的,再坚持一下。"她吓唬我:"你看,你现在回去,过一会儿还得再下一次床,再受一次痛。"又换个主题吓唬我,"不然再把导尿管插回去?"我艰难地调整了坐姿,调适用力的方式,忍受一抽一抽的痛……嗯,好了。

此后,伤口从痛到痒、到脏器不明所以的隐痛,一直伴随着我。但恕我诚实地说,其实我都已经记不得这些感觉了,包括上面写的这一切。如果不是我保持着写作者的习惯——在床头柜放了纸笔,随时记一笔,这些琐碎的事,像狂风经过沙漠,沙漠虽然被扰乱了,但黄沙不会留下任何一次风的痕迹。关于痛的形容,来自纸上的乱画,电流、地震、刀割……我当时一定在非常努力地分辨着痛,记录着痛,但事隔多年后,本体和喻体我都想不起来了。

何以如此?这是人类"好了伤疤忘了痛"的本性。

你知道那是痛苦,但你会忘掉所有真切的细节。

你记得恐惧,但你说不出痛是什么样子的。

"母亲"是王冠,也是紧箍圈

1840年,年轻的维多利亚女王才21岁,正在生育她的第一个孩子。她牙关紧咬,头发纷乱。她无力地左右摆头,脸上的表情狰狞如兽。盖在她身上的被褥随着她的挣扎起落,如地震。但为什么,一切都是无声的,连呜咽都被锁在喉间,不允许弹向空中?答案很简单,产床外,仅仅被一道屏风隔开的,是黑压压的各国大使及文武百官;而城堡之外,是仰着头在聆听的无数伦敦人民。她是一个最软弱无助的产妇,她也是一个大国的女王,在任何时刻,都有尊严与体面要捍卫。

所有人都在等待,想知道这一场"儿奔生、娘奔死"的赛事结局如何。所有人都记得,二十余年前,如果不是当时的王储之女夏洛特公主死于难产,整个王室面临后继无人的危机,维多利亚根本没有机会来到这世界上。所有人关注的都是一个王国的命运,如果她能一胎得男,从此英国就有王太子了。大概也有人在暗暗期望她的死亡,不是跟她有什么仇什么怨,只是自己的名字可以出现在王位继承榜上,人人都想有这样一步登天的好运。这一刻,维多利亚本人只是王朝传承的一部分,而她作为女人,作为母亲的存在,其实是不值一提的。

"哇……"是婴儿的哭泣声,生了,她生了。屏风外,男人们开始整理领结,拉直袖管,毫无例外,他们都穿着近乎一模一样的正装西服。城堡下,已经等得昏然欲睡的群众,突然听见窗户砰然打开,响起三声庄严的号角。他们屏息抬头,一个婴儿被一双手托出窗外:"奉天承运,王室诏曰,英国公主诞生……"后面的声音被欢呼声淹没。

产床上的维多利亚呢?母女平安,算是大功告成了吧。她终于可以闭上眼,长叹一声,休息一会儿了吧?不。她被扶起来,坐在大床上。女官们簇拥着她,把她乱糟糟的头发重新梳得发髻高昂,为她擦脸,细细上妆,换掉被汗浸透皱成抹布的衣服,上身的是华丽朝服。一切停当后,屏风被拉开了。

有人宣告:"普鲁士大使觐见。"一位黑衣男士走进,一躬到地,直起身来,朗声道:"我谨代表普鲁士国王王后及普鲁士人民恭喜英国长公主诞生,恭祝女王陛下玉体金安。"维多利亚女王坐在床上,也弯腰回礼:"朕谨代表英国王室及人民感谢普鲁士国王王后及普鲁士人民的好意……"

没人给疲劳已极的产妇休息的时光,她是女王,大国之君,接受其他国家的朝贺是她应尽的义务。这种时刻,做王后比做女王幸运。因为这任务可以一分为二,她负责生,由她的丈夫——国王来完成其他事宜。但她既然一身二任,就必须同时背负两个使命。

就这样,大使们轮流朝贺,大使们完了是贵族,然后是文武百官……有几次,维多利亚支撑不了,倒回床上,轻声问身边的女官们:"还有多久?"一模一样的问题,得到的回答也是一模一样的:"陛下,快了。"觐见仪式持续了四小时,最后一位,是已与维多利亚失和的她的母亲。

后来公主长大成人,嫁作另一国的王妃,维多利亚女王在对她的信中吐露心声:"亲爱的女儿,你说给予一个不朽的灵魂以生命,是一件非常值得骄傲的事,我自己却难以有这种想法。我觉得在生育中,我们女人更像母牛或母狗。我们可怜的本性变得非常动物化……整天哺育婴儿和换尿布,让很多优雅而聪明的淑女走上毁灭之路。"她一方面要教导女儿如何成为一个好母亲,另一方面又忍不住要说心酸的实话："我怀胎八个月还要处理很多公务，像折断翅膀般担负真正的痛苦……我想我们的性别是种不幸。我很高兴看到，你已如我般完全进入母亲的角色中，体会母亲的所有感受。亲爱的女儿，要让一个无知的幼儿长大成人，女人须渡过不知多少难关！我说不出我的痛苦、我的感觉、我的奋斗（事实上，我还没有完全摆脱它）。当我们带你回到自己的房间，而你却哭闹得很厉害的情景，仿佛还是昨夜的事。"在另一封信中，她又说："多少次，当我离开办公室回到后宫，他们把哭闹的你递给我，可是我已经累得身心俱疲，我多想让他们把你带走呀……"

各位年轻女子总会戴起"母亲"这顶王冠。

但这顶王冠就是"紧箍圈"。

生娃，痛并快乐着

你只听说过难产，没听过急产吧？急产大概有 10% 的发生率。一般而言，头胎产妇的分娩时间在 13—18 个小时之间，二胎产妇时间短一些，一般在 10 个小时左右。急产是由于产妇宫缩速度过快、强度过大，分娩总产程不足三小时。生得快不好吗？不好，很危险。宫缩过快，婴儿很可能生在马桶里、车上或者家里；产妇有可能阴道撕裂，或产后大出血。

有一位妻子，遇到了急产。她在家中突然发作，家人赶紧叫救护车。她之前都去三甲医院产检，但救护车是就近原则，送的是家门口的小医院。虽然婴儿没事，但她运气不好，从会阴到肛门全撕裂了，粪便流入阴道，造成感染。小医院对伤口处理得也不是特别好，事后不得不再次打开伤口重新处理。这是很痛苦和漫长的过程。此后，她就再也不愿意与丈夫亲密接触了。

他们是小夫妻，结婚时间不长，原本两个人恩恩爱爱的。妻子为了给自己生孩子遭这么大罪，男人也很感动，感动得决定一辈子对她好。但是，他不能一辈子不过性生活呀。夫妻俩不是没讨论过，每次一讨论，妻子的情绪反应就非常大——妻子也很伤心，自己受了这么大的伤害，身体上这么痛苦，可能会终生有一些不便，丈夫却不理解。丈夫也想过，可能妻子慢慢地就能重新过性生活了，但没有。妻子也努力了，但阴影太强烈，她做不到。

在这种情况下，男人出轨了，出轨消解了他的欲望，同时也加深了他对妻子的内疚。结果就是丈夫既能高高兴兴离家去，也能心甘情愿地回家照顾妻子和孩子，忍受妻子的坏脾气。表面上看起来大家都很好，相安无事。但是时间久了，小三不干了，小三不能永远给他当小三，要么上位，要么分手。但丈夫既不想离婚，也不想分手，一直拖着小三。于是小三就到他家，和他妻子谈了谈。这对他妻子来说，天都要塌下来了。妻子哭喊着要离婚，双方家长也都批评了丈夫。丈夫无比愧疚地向所有人道歉认错，同时迅速与小三分手。与小三分手之后，妻子从此把他的钱牢牢地管着。

丈夫发现当年的问题又回来了，他不能一辈子不过性生活，但是怎么办？有人说，外遇过的男人会终生外遇。其实不是那么回事儿。大多数男人只是普通人，依仗着自己当时年轻，遇到了小三，小三眼光也不好。然而过了几年，男人不仅胖了、油腻了，而且周围也没有眼光这么差的小三了。何况丈夫的每一分钱都被妻子管着，连喝杯可乐都得要钱。他烦，他躁。等他回家，妻子不给他好脸，他转眼就和妻子吵起来了。妻子更生气了："你有小三还这么横？"他也生气："是，我有过小三，那离婚呀，离了一拍两散。"妻子说："我为你生孩子……"他说："这是你自己体质的问题，你给谁生孩子都会这样！"

当遭受到这样的语言暴力后，要谨记你先是一个人，然后是女人，再之后是母亲。假设一位女性，她产后漏尿，这是不愉快的事。她向亲妈诉说，亲妈会怎么说？搞不好就是"我当年也这样，女人都要吃这个苦的"。言下之意，是说女儿小题大做了。她向丈夫诉说，她丈夫不把这事当笑话满街传，就已经算是有教养的男人了。很多男人会天天嘲笑她，以至于她宁愿从来没说过，并暗自决定以后任何身体上的疾病，都永远不告诉他。亲妈和丈夫尚且如此，更不用说医生了。

所有那些无论是在理论上还是事实上，都应该是最爱她的人，都在用各种形式告诉她："你得忍着，你没什么可说，你说了就是你矫情。"这么看来，那些能够重视身边女性身上各种小病小痛的人,都是伟大的。

那这些留下产后后遗症的女性该怎么办?不去理会这些人,换一家医院,继续去就诊。精神伤害是一回事儿,但身体上的痛苦,一旦忍受,只会永无止境、层层加深。

好了,我把一切的苦都告诉了你。而我现在要告诉你的是,你必须比你想象的还要爱自己。

因为除了疼痛,你还得到了无价瑰宝,得到了全世界最无条件爱你的人——孩子。这是你上九天摘下的星星,是你在鲛人口里抢到的珍珠。同时你也有机会,借助养育孩子来成全自己。因为孩子是"哥伦布",会带你发现"新大陆"。

月子之苦

科学坐月子,月子中心不失为一个好的选择

小瑞说,让她想掉泪的,不是二十多小时生不出来,不是最后挨了一刀,不是新生儿每天十多个小时无情的吮吸、用尽全力的咬,让她一次次倒吸凉气,而是婆婆止不住地询问:"孩子这么小就咬呀?""孩子又没长牙,怎么咬呀?""孩子为什么咬

啊？""有这么疼吗？""还疼吗？"小瑞说，身体疼痛她能紧抓着被子忍，但面对婆婆翻来覆去地问，她只想大喊："说不定我的奶有毒，有兴奋剂！"我只能说："你婆婆，也是表达关心。"

很多时候，除了语言，我们难道就没有别的方式表达关心了吗？女生诉说生理痛，男生除了说多喝热水以外，还会说别的吗？嘘寒问暖是语言，问长问短还是语言。去探望病人、产妇、老人，我们正襟危坐地问道："感觉怎么样？医生怎么说？"临走还是要留红包。许多人理解的关怀，就是连珠炮似的各种语言。你遇到人生的不愉快，旁人陪你义愤填膺，既用语言诅咒对方，也用语言安抚你，当然也少不了责备你的无知。

其实这些语言都是于事无补的，你只想静静，但你还得陪听，你还得领情。这种时候，宁可对方是信教的，说要在教堂里为你组织祈祷，说要去庙里为你上香。不错，反正眼不见为净，耳不听为清。

请相信我，我收到过最好的安慰，是一个朋友默默给我打了300元话费。那是一个寒冷的冬夜，我走在一个大湖的岸边。晚上有风，湖上起了很大的浪。我什么也不想说，只听见手机滴滴响了四声——前三声是话费入账通知，第四声是朋友的短信："如果你需要用钱，就跟我说一声。"当时的窘困，并非源于经济，我从来没有真穷过。但这一刻，我真正感觉到我是富有的。

小瑞还有一个问题，她婆婆反对她给小孩用纸尿布和尿不湿，要求用老式尿布,理由是那些尿布容易红屁股,孩子不舒服。我一听就毛了,对小瑞说:"你问问你婆婆,她用过传统的月经带没?"小瑞是享福的年轻人,不知道月经带是什么,我解释给她听,老式尿布就相当于月经带,纸尿布就相当于卫生巾。月经带就是用来夹卫生纸的,因为它是一块布,会不断湿透,也会渐渐干掉,需要不断地换洗。一旦换得不够及时,湿透了很难受,湿了再干就会很硬,磨大腿根的皮肤,相当疼。

我说:"人的天性都是取舒服弃难受,所以当卫生巾一进入中国市场,至少在我周围,就没见过固守月经带的人了。因此,20世纪80年代以后,大多数人,比如你,从未听说过月经带是很正常的。但是中老年妇女,谁不是吃苦过来的?明明自己都不舒服的东西,却幻想着孩子会舒服?"

我继续说:"照顾你坐月子的人,其实应该是你的丈夫,他才是孩子的第一监护人。从这个角度来说,婆婆是给他帮忙的。所以我建议你,把下面这一段坐月子的经验给你丈夫看看,让他理解你的想法、感受和你可能遇到的事儿。"

我去过几家月子中心看望过刚生小孩的朋友,观感都很好。我建议产妇如果经济条件允许,可以去月子中心,原因如下。

第一,服务系统化。食谱是科学定制的;婴儿操、婴儿抚触都是完整清晰的。固定时间做固定的事儿,按部就班,秩序井然。

第二，管理严格。月嫂不好，可以立刻投诉；对某项制度有疑问，可以询问；伙食是否卫生，墙上有星级标准。

第三，经验丰富。月嫂不知道带过多少小孩，而且就算你这个月嫂是新手，中心还有其他月嫂。有的月嫂是"高手"，一摸小孩手脚，就知道是不是生理性黄疸。有些月子中心还配有驻站医生，可随时咨询。

请月嫂回家当然也是可以的，但比较适合有老人的家庭。否则，在完全没有监控与管理的前提下，月嫂能做到哪一步，全凭良心。即使有监控，也不一定奏效，因为你并不知道她应该做到哪一步，可能要在事过境迁后才恍然大悟。

请善待新手妈妈，她们需要更多关爱与肯定

嘟嘟当了母亲，让她原本三代同堂的家变成四代同堂。她的妈妈、姥姥争着带孩子，她们年纪都不大，一个不到50岁，一个70岁出头，因此嘟嘟完全可以当甩手掌柜。众人都羡慕她的幸福，她却哭丧着脸说："我烦死了。"

嘟嘟只是给孩子买了个安抚奶嘴，就先被姥姥骂了一通："浪费钱。"接着妈妈给她转发微信消息："看看，专家都说了安抚奶嘴

不好。"就连每天几点带孩子出去玩儿,嘟嘟都不能自己决定。给孩子磨耳朵是听诗词还是英文儿歌,妈妈与姥姥都要据理力争。那声音吵得嘟嘟只想捂耳朵,恨不能哀求:"求求你们别用吵架来磨孩子耳朵。"

嘟嘟做什么都是错的,喂奶的姿势、抱孩子的手势、拍嗝的轻重……她几乎一碰孩子就会受到批评。最后她都条件反射了,只要一靠近孩子,心里就涌起强烈的反感。她也说不出来是厌恶这无所不在的管束,还是无能为力的自己,她就是强烈地觉得,这孩子不是自己的。

嘟嘟有一个和睦的家庭,她从小是被妈妈和姥姥带大的。她听惯了她们的唠叨批评,当然也有过厌烦,但她从来没想过,即使是当她长大成为别人的妻子、孩子的母亲,妈妈和姥姥也依然把她当作小孩。她们无时无刻不在贬低嘟嘟,让嘟嘟在自己的孩子面前毫无尊严,质疑自己还是母亲吗?这一切仿佛弱化了她,让她觉得难堪。因此,她才会这么反感这些指责的声音。

生产之前,嘟嘟追的英剧是《使女的故事》。此刻她说:"我觉得我也是一种使女,我只是一个出了子宫的人,我不是母亲。这孩子属于整个家族,几代人共同拥有。"

其实,嘟嘟最烦的人是她的爸爸。因为爸爸天天都说些"正确的废话",嘟嘟即使明知道爸爸是好意,而且他说的话也是对的,但还是难以控制情绪。例如,孩子难免会不好好吃,不好好睡,很早就醒了，哇哇地哭起来。之前她喂了五次夜奶，实在不想起身。嘟嘟的妈妈把孩子抱走了，她爸爸就过来批评她："这孩子不是你的吗？你就这么贪睡吗？你就这么不心疼你妈妈吗？"嘟嘟无言以对，她累极了，也委屈极了。她突然崩溃了，对孩子大吼大叫，然后自己也大哭起来。她爸爸又过来指责道："都当妈的人，还这么不冷静。你对孩子有耐心吗？你配当妈妈吗？"有一个瞬间，她真想离家出走。她不明白，她都累成这样了，为什么还没人体谅她。她也很心虚，知道自己做得不够好，爸爸说的似乎是对的。我说："你爸爸说的是废话，一点儿也不正确！"这不就是典型的"看的管干的"思路吗？这不就是"领导"作风吗？事儿和困难是客观存在的，他老人家双手插兜高瞻远瞩，嘴一张就是高屋建瓴的批评指导，背后的逻辑是，"这些事本来就应该你们这些基层干！我是领导，只负责宏观指导和宏观批评！"

凭什么呀？

我想对家里的这些"大领导"进个言：您要真事事亲力亲为，可以把孩子抱过去您自己带。冲奶粉不难，带上老花镜看清刻度就可以，别遇到困难就向老太太呼救；换尿布也不难，有视频可学习，可以给家里人展示一下您老的雄风。

有一句老话是，手一分、嘴一分。意思就是，你做到什么地步，才有资格批评指点到哪一步，但大部分人都是手零分嘴满分。

大风雨里，我们需要的是伞，而不是"你为什么出门不带伞"

的批评。

血泊里，我们需要的是救援，而不是"你也太不小心了"的提醒。

困难时，我们想要的是救命稻草，想要的是援助，但绝对不多一张批评的嘴。

嘴上的批评，其实是用来掩饰心里的冷漠。说完了一些废话，就以为尽到了义务，可以心安理得了。有一部姜昆说的相声叫《电梯奇遇》，说他无意中被关在了电梯里，急需帮助，但他得到的却是说教："这是个难题喽！对你个人来说，把你关在里面，这是一件坏事。可是对全局来说，对我们整个革命事业来说……也没有什么好处是吧？所以，这就是新大楼和老电梯新旧体制交换时期所产生的一种矛盾，目前你被关在里边，暂时还不适应，对不对？"

老话说得好："不痴不聋，不作阿家阿翁。"

跟你的父母、祖父母们说："你们是我最敬爱的人，但在这个'亲子游戏'里，我是母亲。如果我需要在我的孩子面前树立权威，那么，我不能是那个天天被批评的人；如果我要独当一面，成为孩子永远的靠山，那么，至少此刻起，我必须学会独立！"

在身心之苦中勇敢成长

新手妈妈鹿鹿在生产后，也有不少苦恼。她发现她得到的不是安慰鼓励，而是诸如"你比我们当年强多了"的开解。

月嫂对她说："我们当年生孩子，连卫生纸都没有，我们的孩子不知道怎么长大的，你们真是赶上了好时候。"

鹿鹿的妈妈对她说："生你的时候，我也没老人帮忙，你很小就上全托了，实在是没办法呀。现在你可以去月子中心，就是你不去，我和你婆婆都等着伺候你呢。"

比她长几年的同事朋友说："哎呀，现在的东西真好，我们以前哪有哺乳枕、乳盾、通乳师、月子中心、月嫂之类的……我好羡慕你，我都想生二胎了。"

但是，当她每两小时一哺乳，婴儿小小的嘴吮吸的一刹那，她就像被封印在床上，刺痛钻心。她侧过来侧过去，只为了让婴儿吮吸到更多乳汁。而过来人说："你这不错了，我当年只能坐着喂奶，几个月后腰都不是腰了。"

她身材庞大、肚围松弛。周围朋友虽然说："你一点儿也不胖。"但最熟的朋友却直接跟她说："你要系腹带呀，出了月子就要锻炼呀，不然会永远这么胖。"

还有朋友直言不讳地对她说："你的奶不够好，和我当年一样。"所以，面对淡极无味的月子餐，即使一口也吃不下，她也依然挣扎着坚持母乳喂养，拒绝了所有人让她给孩子喂奶粉的建议。

凡此种种，都是她一生中最劳累、最无助的时候。唯有懂的人才能懂，然而她们都走过比她更艰辛的路。因此，看她的苦痛，就像身历酷刑的人看轻刑犯一样。但轻刑就好受吗？无论轻重，都需要肉体和心灵去承受这份爱和责任的禁锢以及失去自由和新鲜的痛。

我能理解鹿鹿的感受，但我也理解她所有的亲人、爱人、朋友们。他们想要告诉鹿鹿的是，要珍惜当下，珍惜现在所拥有的一切。不要沉溺于这些全新的痛，更不必自怜，因为这才哪儿到哪儿呀。漫漫长路正像铺展画卷一般，才揭开封条。

对不起，没办法。鹿鹿只能自己慢慢挨过去，像她的母亲、姐妹以及每一位走过这条路的女性一样，一点点地等待柳暗花明。

好在养育孩子，开始会以小时计，然后是以天计，慢慢就变成了以月计、以年计。

要孩子，也要朋友的呵护

朋友坐在我家，刷她的朋友圈。她惊讶地发现，一个熟人生二孩了。

我说："点个赞吧。"

她考虑后说："算了，赞完了搞不好还要去拎个礼盒看，太麻烦了。何况上次已经看过了。"

我问道："你们不熟吗？"

她回答："生一孩之前是熟的，那时还叫'闺密'呢，所以我才拎着礼盒去看她呀。不过生完一孩就'社死'了,现在二孩更是'死透'了,就算了。"

我接着问:"中间完全没交往?"

朋友说:"不。之前好友说她要结婚了,我不仅做了伴娘还给她封了红包。"

有人说,你做伴娘应该收红包而不是给红包。她只能笑着委婉解释,我们都年轻,不懂这些事。当闺密怀孕了,她寄了燕窝;闺密小孩出生了,她去医院跑前跑后;闺密朋友圈说孩子发烧了,她赶紧问有什么要帮忙的……

直到一年前,她问闺密上班后感觉如何,小孩吃奶怎么办,闺密说都挺好的,然后就没下文了。她当时一直以为闺密会回问一句:"你怎样?"但也没有后文。她承认自己矫情、事儿、不体谅人。总之,当闺密再次询问她"在吗"的时候,她没回应。而此刻的朋友圈,她也决定不再点赞。

另一位年轻朋友 A 说,她终于理解了,为啥小三都不能安分守己待着,一会儿想上位一会儿想分手。这个心得太诡异了,我请她细说。

原来,A 有几位好闺密:B、C、D、E、F……刚认识的时候,她们大都是单身,还有几个人已婚无娃。当时大家一高兴,就会来一场说走就走的旅行,都不用刻意约,只要在闺密群里喊一声就行了。她们热热闹闹地吃遍所有馆子,去过好多城市,并且相约一起养老。

随着时间推移，B 先结了婚；但 C 先有了娃；D 换了工作，特别忙；E 回老家结婚生娃去了……就这样，最后一次聚会还是在前几年，F 生完小孩出月子。当时大家就说以后要多聚聚，但几个月后就有疫情了。

现在情况稳定了，A 说："聚聚吧。"她一呼百应，大家都说好。一对时间，B 说："我除了周末都行，周末我得带娃。"C 附和道："我就周末有时间，怎么办？"D 说："就在周边吧，别带娃，我受不了熊孩子。"E 说："我可以从老家赶过来，但我得带队友呀。"这还不算什么，之后 A 就干脆建议："要不然还是算了吧。"朋友们又都反对："别，好不容易能喘口气轻松一下。"

A 和我吐槽："最折磨的是，我说一句话，永远不知道朋友们收到没有。我从上午 8 点说到晚上 10 点，直到 12 点，她们终于响应了，却告诉我，娃刚睡。我就像一个小三，和渣男定约会时间。渣男以家庭为重，又想风流快乐。渣男找我，我永远在。我爱他，为他百般迁就；但当我有事找渣男时，他却永远不在线。最惨的是，人家小三也就一个渣男，而我有一堆'渣男'，难怪小三没法安安静静待着。我不理这事儿吧，她们又一个个在微信上找我；我说安排一下吧，丢一句话出来却石沉大海。这不和小三一样吗？小三想分，渣男不放手；小三想上位，渣男又不同意。"我最后只能祝 A："小三快乐。"

第三章 孩子，妈妈是世上最无条件爱你的人

这两位朋友说的都是很常见的现象。多年前，朱天心写了一篇《袋鼠族物语》，用"袋鼠族"指代低龄小孩的妈妈，尤其是全职妈妈。

内文说道："袋鼠族原先跟普通人一样，是有朋友的。随着时间的流逝，朋友们也发生变化，有的朋友和她一样也成了袋鼠族，其他朋友可粗略地分为单身贵族和丁克族。后两者很快就会与袋鼠族分散流失。"

何以至此？首先，时间地点配合不上。单身朋友八九点之后才下班，袋鼠族妈妈八九点都要陪孩子上床读亲子读物了；其次，聚餐时，原来大家都爱吃火锅或者日料，但对婴幼儿来说，火锅店太危险了。即使能坐在一起吃饭，也有点儿无话可说。你们曾经能聊一下午，但现在妈妈们只盯着宝宝。或者，你们现在还有无数的话题可聊，但小孩不停喊"妈妈我要上厕所""妈妈我要喝水"……

"因此，不用再说你也知道，袋鼠族女子也暂时地疏淡了与其他单身女子的交往。时至今日，袋鼠族的朋友们也会渐渐地失散，到最后只剩袋鼠族。"

我知道很多年轻妈妈分身乏术，要应付的人与事纷至沓来，确实会疏忽同性朋友。但是我认为，一生孩子就脱离社交，这是非常糟糕的做法。是的，你会有很多同为年轻妈妈的新朋友，你们在一起，主要是聊小孩。当孩子再大一点儿，你们可以带小孩同吃同玩同运动。但是，你最好能有不同圈子的朋友，彼此思维模式迥异、

立场不同，而且重叠度不高。尤其已婚有小孩的你，最好有同事朋友。因为你可以跟同事吐槽婆婆，也可以跟老公吐槽同事，这就是不同圈子的便利。但是全职太太只能跟小区邻居吐槽婆婆，但这里有一个问题，邻居很可能也认识你婆婆，搞不好三下两下就传到她耳朵里去了，这就是重叠度太高的麻烦。

另外，还有一件事你要知道，女性始终是抑郁症的高发人群。2021年9月26日，中国精神卫生调查成果新闻发布会公布了中国精神障碍疾病负担及卫生服务利用的研究。研究结果显示，抑郁障碍在中国的分布特征为女性患病率高于男性，失业者高于就业者，分居、丧偶或离婚者高于已婚或同居者。

而现在，刚生完小孩不久的你，首先，有产后抑郁的可能性；其次，繁重的家务、孩子的教育等一系列因素，都可能加重你的抑郁。同样遇到事儿了，男人有很多发泄情绪的途径：抽烟、喝酒、离家出走、和朋友厮混、一个人爬山看海……而作为一个新手妈妈，发泄情绪的方式却很局限。抽烟喝酒得要原来就有这爱好，如果没这爱好，第一口烟就熏着了，第一口酒就呛着了。就算勇于尝试，也要考虑哺乳问题。离家出走太不安全了，尤其在夜间。一个人爬山看海就更不行了，一眼望到底，内心更绝望了。

这种情况下，遇到事儿就只能忍。忍到最后，不是甲状腺增生就是抑郁症。大吃一顿不是好办法，可能边吃边担心体重，完全起不到解压的作用。所以，对妈妈们来说，克制抑郁非常重要的一环就是拥有一群"狐朋狗友",还得是那种特别仗义的、万事帮亲不帮理的。你一诉说老公的千古罪行,她比你还义愤填膺;你说婆婆的百般不是,她急得直拍大腿。相信我,你终生都需要这样的朋友。30 岁的你需要朋友,45 岁遭遇中年危机的你更需要朋友,因为这些烦恼,你能向你父母说吗?他们都七八十岁了,何必吓着他们。你的小孩才十来岁,不到万不得已,不到最后关头,你不会让他们知道。如果你有一位与你同心同德的伴侣,那是福气。但有时候,这种伴侣可遇而不可求。

人只有遇到坎坷后才知道自己的朋友是多么少。因为很多朋友原来是一个圈子的,他们是你的同事、客户。你们处得很愉快,但你知道彼此之间的信任度并不高。你的同学倒是可以信任了,但他们懂你的工作吗?你能讲得清楚吗?同学们虽然关心你,但他们总是听得莫名其妙的。当你遇到感情上的问题时,你能跟父母说吗?能跟小孩说吗?能跟伴侣说吗?不能。何况大部分感情问题是由你的伴侣导致的。

还记得电视剧《蜗居》吗?当宋思明有外遇了,宋太太向闺密倾诉。闺密劝她把男人当提款机,心在哪里不要紧,带钱回来就行。闺密话糙理不糙呀。如果没这闺密呢?宋太太可能就只能抑郁得以泪洗面了。如果你结婚生小孩之后,就不再和她们联系,又或者有发小有闺密,但只是过年时候见一次面吃一次饭,谈论问题无外乎两种情况:一种是你懂的,她们也全懂,大家互相看不起;另一种是你不懂的,她们也不懂,全员抓瞎。

所以,为了抵御抑郁症,你必须有朋友。

☺ 负能量的闺密,请果断地断舍离

桃桃曾有过一个闺密,当年都单身的时候,桃桃整天还挺想恋爱的,又是相亲又是见网友的。然而闺密已经走在反婚反育前线了,不仅天天向她宣传反婚反育,还看不起她,说她是"恋爱脑"。过了一阵,桃桃相亲没成,还交往了一个不可能有未来的人。闺密这时却闪婚闪育,转头以沉稳的口气对她说:"你别瞎玩了,那些都是浮云,结婚才是正事。"又过了一阵,桃桃终于找到一个还不错的男人打算结婚。好久不见的闺密又出现,披头散发地向她哭诉,养小孩多累,婆婆多讨厌。闺密听说她要结婚,立马极力反对,说自己当年结婚是被逼无奈,结婚就是跳火坑。桃桃终于把闺密拉黑,心里说"烦不烦呀,一阵一阵的,跟打摆子似的"。后来桃桃在社交平台上,看到这位闺密又在以过来人的口气说,"女人之间都是塑料姐妹花,女人间的嫉妒有多可怕……"这样的闺密不要也罢。

此外,如果有一种闺密满足了你"被仰视的需求",那么你也需要警惕。先讲个故事,上网刚开始普及的时候,圈子其实很小。那时我们很容易在论坛上认识一些前程远大的年轻人。我亲眼见过好几个这样的年轻 IT 精英，他们在那个火红的年代，轻而易举地淘到第一桶金。比如小 A，身边很快就簇拥了一群人，大家都是好兄弟，同进同出。但是，小 A 上的是名牌大学，家境宽裕、前程无限。而他结交的那帮兄弟，有在国外混不下去、背着父母回家的留学生，有几个吃软饭的，有张嘴全是谎的小骗子……就没几个正经人。最开始与他交情很好的其他 IT 精英，也渐渐与他退到了淡如水的君子之交。我当时还年轻，问过那群精英和小 A 渐行渐远的原因，他们说："小 A 跟我们玩没意思呀！去夜店，我们会鞍前马后地伺候他吗？会'A 总'长'A 总'短称呼他吗？会屁颠屁颠地给他端茶送水吗？"我明白了，小 A 就像西门庆热结十兄弟一样，用帮闲的存在，来证明自己乃是"江湖老大"。他享受众星捧月的感受，觉得自己是孟尝君，门下食客三千，但他并没有攻城略地的需求。或者，小 A 觉得自己是"政老爷""赦老爷"，至少也得有"贾雨村"来捧他的臭脚。总之，没几个"奴才"在身边，小 A 就无法确认自己已经混到了主子一级。

然后我要说到主题了。我也见过这样的女士，她们出身还好，学历还好，职业也还好，但交往的全是拿不出手的烂闺密：什么瞒前瞒后出来逍遥快活的小姐姐，什么读个不三不四的书天天吃喝玩乐的闲人，还有好几个做传销的……总之没有一个人有正经工作。她在闺密群里面如鱼得水，动不动跟我们说，半夜送割腕的某某去医院了，要陪堕胎的某某和男人谈判了，又借钱给某某了。我听着就诧异，一个平民小户家的女孩子，这种"大姐大"欲从何处而来？她以为自己呼风唤雨，是朋友圈里的"活观音"，我觉得她就是个"公用杂役""众筹丫鬟"。当然，她的闺密们嘴都很甜，个个都羡慕她，动不动吹捧她"我真羡慕你有这样的爸妈""我特别喜欢你的工作，多好呀，清闲体面……"此时，我想到的是西门庆的妻子吴月娘，后来她身边簇拥着的就是一群妓女。妓女像伺候大爷一样，对她赔笑，和她建立感情联系，有时如娇女儿，有时又像个知冷知热的姐妹。西门庆的帮闲们还只是叫他大哥，吴月娘的这批小姐妹直接认她做干娘。

和一个或者一群处处低于你、事事仰望你的人交往，绝对是友谊中的舒适区。相比而言，那些太优秀的人有时候会给我们挫败感，平等的关系有时又让我们觉得自己不是这个世界的中心。谁不想是太阳系里的太阳，周围有八大行星和无数小行星绕着转。

被仰望是要付钱的。我说的那位 IT 精英小 A，已经昙花一现了。我说的"大姐大"把借出去的各种小钱加起来，也有十来万了，收不回来，只能当作打水漂了。

我对被"小三"的原配格外有怜惜之情，因为我知道，生了小孩的女人带孩子非常疲累，对婆婆和丈夫有无数抱怨，所以需要跟闺密倾诉。并且，天天听新生的孩子牙牙学语，也想有个机会和闺密说说成年人之间的感受，有时却因此被人乘虚而入。

所以，如果你将来带小宝宝去动物园，要有朋友陪同，不要轻易"社死"。但也要想一想,你到底需要什么样的朋友和闺密,绝不能是大灰狼呀。

不要执着"顺或剖"及"母乳喂养"

女儿小年读幼儿园的时候,有一次放学了,她还和其他小同学一道,在幼儿园里疯玩。我与其他家长远远站着,用眼神追踪着他们的身影。孩子们一会儿出现在跷跷板上,一会儿又隐没在滑梯上。尖叫声和欢笑声地动山摇。据说母亲能从所有孩子的哭声中辨认出自己的孩子的声音。我怀疑这只是为了强调母子之间神秘的心电感应。因为我的感受是恰恰相反的,我经常在完全不相干的地方、绝对不可能的时间听见小孩的哭声,立刻以为是小年的。而在那种全幼儿园都在狂奔的、像分子在星球大战的场合下,我完全无法分辨出哪个声音是她的。

我与其他家长散漫地聊着天,那家长知道我有心理咨询师的资格,便说她曾经产后抑郁严重。因为周围家人、朋友都说顺产对孩子好,所以她发誓要顺产,但痛了二十多个小时,还是剖宫产了。她自觉很对不起孩子,认定孩子现在感统失调,并且和剖宫产有关。

我耐心地告诉她:"我半辈子都感统失调,但我是顺产出来的。"

她愣一下问道："那如果你是剖的，可能更严重？"

我无奈道："能有多严重？顺拐？左右不分？军训时憋一下就好了，剖宫产是伟大的发明，令无数母婴受益。"

她若有所思地说："对，我老公就是左右不分，不过他也拿了驾照。哦，我老公也是顺产出来的，我们那个年代几乎没有剖宫产的。"

她继续说，她听别人说99%的产妇有母乳，而她一滴奶也没有。即便用尽所有办法，也还是没有。她的挫败感强得不得了。

我只能安慰她："我也没有全母乳喂养。"

她好奇地问："人家都说只要坚持，就一定能全母乳，否则以前没有奶粉的时代，小孩是怎么活下来的？"

我听了只能说："死了呗，不然以前新生儿那么高的夭折率是怎么来的？"

她又一愣："可是都说就中国人不能全母乳……"

我说："你觉得奶粉是中国人发明的还是外国人发明的？如果外国人都能全母乳，他们为什么要发明奶粉呢？"

她非常惊喜地说："你说得太对了，你真专业！亏我还花钱请了心理咨询师，去了四次都没有用，早知道就直接来找你了。"

这位家长受"顺产教"和"母乳教"的影响太深了，觉得自己各种对不起孩子，日哭夜哭，大半年都没缓过来。因此，我为我的"日行一善"得意非凡。不过我确实只是实话实说。妈妈不能母乳

第三章 孩子，妈妈是世上最无条件爱你的人

喂养，那就是不能母乳喂养。有专家认为，这是销售奶粉造成的，我觉得这种说法并无道理，这就像是不能跑步，那就是不能跑步，跟满街都是车是没有任何关系的。你没有必要一口咬定，不能跑步就是因为车坐多了，不能母乳喂养就是因为买得到奶粉。

我的整个孕期，充满了各种各样的失望。就算是生完了，也还有新的失望在等着我。我没有奶！这让所有人都意外，包括我自己。从头里说，我妈生了三个孩子，每回都是奶多得喝不完。尤其是生我大姐的时候，我妈说每次喂之前，她会先滋一小束在孩子脸上，小婴儿被滋得直眨眼。因此，我大姐到四十多岁的时候，还爆成人痘，果然营养丰富。哼，活该。再说我大姐本人，当年她把孩子喂得脸如银盆之余，还能再挤出一碗来，问我们："你们谁要喝？"无人响应，她只好从下水道把母乳倒掉——这也太"凡尔赛"了。

说到我自己，我虽然个子小，但是"资本"雄厚，前半生我嫌巨乳累赘，大家却都羡慕我"粮仓充实"，以为我将来必定母乳充足，孩子有机会享福。结果我在关键时刻掉了链子。我一从手术室回到病房，就全心全意等着开奶。几小时后就咬牙下地，忍着剧痛在屋子里蹒跚，只为了早通气、早进食，因为再合格的奶牛也得先吃草，否则是挤不出奶的。

我早早地把小婴儿抱在怀里，明知没奶也让她吮吸，因为书上说了，婴儿的吮吸是最好用的开奶利器。孩子张着小嘴叼住我的乳

头,吧嗒一声掉出来,再叼再掉。我看出是尺寸不匹配的原因,孩子的嘴太小,而我的乳头大而扁。护士赶紧让我去买乳盾,这是我闻所未闻的事物。果然孩子是"哥伦布",带我到"新大陆"。

我母亲曾说:"奶流动的感觉是'痉',像是触电一般,刹那间身体里仿佛有电流闪过,巨大的痉挛让你不能自已。自己能意识到,奶不是被孩子吸出来的,而是自发地流出来的,如地壳下的油井,迟早喷发。"但我的"痉"呢?小婴儿吃奶的力气都使出来了,却一无所得。孩子只好撒开我,伤心地撇撇嘴,大哭起来。我怀疑是因为她个子太小所以吸不出来。正好邻居来看望我,带着她两个月的大胖小子,不如让他试试,也许他能吸出来。两个月的孩子在理论上是不认母的,但大胖小子十分抗拒我的怀抱,哭得声如春雷。

妇产科总比我有办法。两个护士专程过来帮我开奶,一边一个,重手出击。她们双手一下,我当即倒吸一口凉气,一下比一下重,我痛得说不出话来。眼泪在眼眶中打转,脸上居然还挂着尴尬的笑,因为旁边还有产妇在参观学习,表情认真。在待产的日子里,我也是这样,去新产妇们房里溜达,问"顺产疼不疼""无痛泵有没有意义"之类的问题,如饥如渴地向过来人学习产育的所有感受和经验。过来人说:"开奶也痛呀,那是一下一下,越来越接近极限的痛。"等到我亲自尝试时,痛感已经超限了。我来不及喘息,新一波的疼痛又纷然涌上。在旁观者毫不同情,抑或是毫不知情的眼神中,我只好独自承受着一阵阵让人死去活来的痛,觉得上刑也不过如此。相比之下,宫缩不过像痛经,刀口不过是个伤口,都没什么大不了。直到现在,我骨折过,做过内固定手术,我仍然不改变自己这个判断——开奶是我一生中肉体疼痛的顶峰。

如果能学会做一个清淡的女子,那一定是因为承受过这些不能忍耐却也无法遁逃的疼痛,而所有的悲剧对外人来说都是喜剧。

当时有朋友问我哺乳的事,我没好气答:"混合喂养,牛是大妈,我是小妈。"

她惊呼:"怎么会,你明明那么大……"

我怒道:"'小时了了,大未必佳'没听过吗?"

她当时笑喷。这是孔融小时候的故事,孔融小时候很聪明,人家就说他"小时了了,大未必佳"。孔融应声答:"想君小时必了了。"是的,大未必佳。

几经周折,黎明时分,我终于有了涓涓的一线。我很享受喂她吃奶的感受,她小小的身体紧贴着我,小嘴熟门熟路地找到地方。随着头一点一点,小嘴也吧嗒吧嗒,仿佛每一下都是首肯。这种身心相连的亲密感,就从这一刻的授受开始。她享受地闭着眼,渐渐睡着……几分钟后,孩子就哭醒了。那哭声是最让人心碎的抗议,仿佛在说:"我饿!我饿!我好饿!"而作为妈妈的我虽然已经用尽全力了,但还是没有充沛的奶量。

《育儿百科》说,很多产妇要到一个月后奶量才会充沛。我等到了一个月，奶量还是不够。市面上流行的母乳喂养书以断然口气说，没有奶不够的母亲，只有轻言放弃的母亲。否则，在没有配方奶粉的年代，孩子们是如何活下来的？书中还传授了袋鼠喂奶法。很简单，就是我暂时化身袋鼠妈妈，把小婴儿24小时吊在身上，日夜颠倒，随要随喂。但是，袋鼠想必是没有腰的吧？

最困难的时候，我一天喂奶的时间长达20个小时。孩子能够边吃、边睡、边大小便，而我不能。我常常只有放下她，才能去卫生间。还没来得及喝口水，她已经开始哭了。我始终没学会躺着喂奶，只能坐着，腰后垫了双层垫子也于事无补。每天一坐就是二十多个小时。三天之后，我终于颤巍巍地平躺下来，能明显感觉到，尾椎骨以一个锐利的角度抵着床板。我眩晕欲吐，我知道这是颈椎腰椎的病症一起发作了。

为了下奶，我妈还去中医院抓了药材，煮了七星猪蹄汤。白花花的一碗，喝下去跟直接喝猪油相仿，能感觉到它顺着我的喉管到骨缝中，凝固成油糊。孩子一天要吃无数顿，我一天至少要吃五顿到七顿，经常大半夜吃一小锅鸭腿面。几根大鸭腿吃下去，我顿时脑满肠肥。怎么办？难道为了她一口奶，我就得成为"烈士"吗？纵使我死不足惜，但孩子也就彻底断奶了呀。我永远记得那一刻欲哭无泪的心情。

我忍过那么多痛——从起初几天疑似乳腺炎，到用吸奶器引发腕管综合征再到孩子四个月就出了牙，先是把我咬破，又在破处细细研磨,每一口奶都混了血……但到最后,我还是不能成为一个全母乳的母亲。我满心都是根深蒂固的罪恶感——我不是一个好妈妈,我没有坚持到最后。如果我曾经产后抑郁,造成我抑郁的一万多个原因中,无法全母乳喂养也是其中小小的一个。

我母乳喂养,一共只有八个月,其间始终是混合喂养。后来我查到的资料说,母乳不足是一个全球性的问题,专家认为这与女性生育年龄过晚、环境污染、长期使用乳罩以至棉织物堵塞乳腺等诸多因素有关。因此,我认命了,我就是"全球化"的一员。我终于原谅自己。全母乳喂养是我确定做不到的事,我必须接受,即使在没有配方奶的年代,也不是每个母亲都有奶。否则历史上不会有"奶妈"这个职位,旧书上也不会提到"粉干"这种事物。甚至我的母亲都不曾吃到过母乳,一滴都没有。

那些母乳喂养书,我想,妈妈们把它们作为参考是有一定道理的,但如果绝对遵守,恐怕就失之偏颇了。任何美好的事物,当它变成一种对人的禁锢,甚至是道德约束后,就会像霉变的美味,有害甚至致命。

女子并不是生有乳房,就一定能母乳喂养,成为一个好奶妈。而且做母亲是一生的事儿,不必在早期就因为喂奶而过度疲累。

在喂奶这件事上,你没有义务为了对母乳的"痴念"而鞠躬尽瘁。如果实在不行,就请上配方奶吧。你要放下"我对孩子来说须臾不可缺"的妄念。

直面带娃的焦虑与恐惧

我曾经什么都怕。当时亲子论坛流行一种说法,新生儿的小胖腿应该是对称的,如果一条有两条纹,而另一条只有一条纹,就说明孩子可能是畸形,以后双腿会一长一短。我看了立刻去检查小年,发现小年的腿一边有两条纹,另一边只有一条纹。当时我还在坐月子,虽然窗外白雪皑皑,但是我当场就想抱孩子去医院。我想,如果抱着她在雪中艰难跋涉,这个画面正好可以拍电影了,再配上深沉的太空音乐,大片《雪丘》就开始了。

据说婴儿一个月内视力就应该达到某个水平了。我凑近小年,再凑近,她好像没什么反应。我担心小年看不见我。我的心狂跳,我甚至不知道该如何确知真相。

还有,她出生之后几天就过年了,大年三十窗外鞭炮声大作,通宵达旦地响个不停,她呼呼大睡毫无反应。我又怀疑她的耳朵是不是有问题。于是第二天我就带她做了检查,好在当时医生说是正常的。

可是我又放心不下……

出院的时候,医生告诉我,抽了孩子的足跟血,如果结果有问题会给我们打电话,没事儿就不打了。之后至少有一个月,我只要听见电话声就会跳起来,生怕是噩耗,好在都是早教机构的推销电话。

我什么都怕。孩子为什么好长时间都不会抬头？她会不会有什么问题呀？我在半夜惊醒，世界黑得不祥。我的大脑掠过一个恐怖的念头，我会不会像新闻里最不幸的母亲一样，孩子在我身边无声无息地失去了呼吸。我赶紧摸摸小年，还好她的身体是温热的。我又探探她的呼吸，当指尖触到气流后，我才一偏头又昏睡过去。夜里听到孩子的哭声，我又担心她为什么今天哭得这么大声？是哪里痛吗？不好，她好久没哭了，她竟然一直在睡？不可能呀，难道是……我吓得魂都飞了。

不光我活在惊恐当中，在角田光代所写的《坡道上的家》中，水穗也是一个活在恐惧中的母亲。当婆婆说她的小女儿表情不够丰富时，她担心会不会是孩子发育迟缓。保健师说她的小女儿应该动作更大更丰富些，她盘算要不要去检查一下。她焦虑自己的孩子有没有什么问题。她想，难道丈夫说的是对的，孩子之所以这样是因为有一个怪里怪气的妈妈？

某一个丈夫即将下班的晚上，女儿大哭不止，她想丈夫一定会生气，会指责她，她抱孩子去洗澡，等她反应过来的时候，孩子已经在浴缸里溺亡了。

我能理解这份新生的恐惧。

我曾经读过一位美国女作家写的书，她是顺产的，生完一两天之后，就打包带娃出院了。美国人的亲戚不去医院看小孩，但一样会表达心意，所以他们在家里搭了花树，气球上写着"欢迎你，宝贝"。当她带着宝宝亮相，大家欢呼着向她们娘儿俩身上撒彩带。这无疑是个热热闹闹的庆生派对，她感动得热泪盈眶。然后，当客人、婆婆与亲妈告辞后，老公假期结束去上班了，只有她和小孩待在家里。这时，她被恐慌牢牢地裹住——没人帮忙，出了事怎么办？

她想上厕所，但不知道是该抱着孩子去还是自己去。她知道小婴儿现在还不会爬，但是她在孕妇讲堂听说过"新生儿窒息综合征"。最后她折中了一下，自己去了厕所，但全程开着门。当婴儿哇哇哭起来时，她顿时心跳怦怦怦地加快。她对自己说："深呼吸，冷静下来。要按照育儿书上写的那样，先分辨孩子哭泣的原因是什么。天哪，听不出来呀。"书上说孩子饿时的哭声是尖嚎，委屈了是抽泣，但哪一种是嚎，哪一种是抽呀？交替出现又是什么原因？她真的很想像小婴儿一样放声大哭，好让其他人来完成这件事呀……

古往今来，所有母亲的孤独无援与恐惧都是一样的。

但到最后，你都能克服。

这是大自然的安排，一代代的母亲都是如此成长起来的，你也不例外。

有一种说法就是，女人的很多特质，都是为了做母亲而出现的。例如，你不懂拒绝，这令你很苦恼，觉得这是职场BUG；但换一种角度思考——这样的你，本是被设计来做一个从来不会拒绝孩子合理要求的好妈妈的。

而且，做母亲是一种很重要的人生训练，可以提升你的各种能力。比如大部分人，不论男女，在年轻的时候，都很少会做多重任务，因为这样的任务需要人有"三头六臂"，能够迅速分出轻重缓急，面面俱到。而照顾新生婴儿，恰恰就是这样一种"工作"。当你能够处变不惊，能一边做饭一边哄小孩的时候，你何止是有"三头六臂"，你可以变成"八爪章鱼""千手观音"，你无所不能。另外，据说职场上最好的候选人就是当了妈妈的女人——因为她们最吃苦耐劳，最沉着冷静，最能分辨主体与细节，最懂得平衡事实与道理。

重视产后抑郁，必要时及时就医

你是否同意，因为你的性别，你天生就被视为病人、低能人，甚至是残疾人？

有一种疾病叫"歇斯底里"，多半是指狂躁，不受控制，不可理喻；也指情绪异常激动，举止失常。"歇斯底里"这个词早在古希腊时代希罗多德的著作中已有记载。其英文"hysteria"一词起源于"hystero"，即子宫。从词源可以看出，当时人们认为"歇斯底里"是一种女性独有的疾病。

你的子宫孕育了婴儿，也能孕育疾病。每个女性都天生携带病原体。你每个月流血不止,你因孕育而软弱、社交匮乏、不谙世事……这些生理上与在社会中的种种弱势,使女性在几千年来都被视为"健康状况不佳"以及"精神易于崩溃"的一类人。

1871 年,美国医生米歇尔博士在《疲劳与折磨》一书中首次定义了"神经衰弱",认为这是由于工作过度导致的,是一种"过劳衰弱"。其中,他特别提到女性因为渴望承担不适合其性别的角色,包括高等教育和政治活动,而将自己置于精神崩溃的风险之中。这个观点的立场是认为女性生来体弱,不能干重活;脑子不甚灵敏,不能思索。女性若要强行干活思考,就会体力透支,甚至会崩溃。米歇尔还总结说:"在城市长大的女性可能较为缺乏充分履行母亲身份的自然机能。""充分"是什么意思,你知道吗?就是让女性多生几个孩子。当时对"神经衰弱"的主要治疗方式就是"绝对休养",卧床、与世隔绝、不工作,尤其是不思考,让脑子陷入长眠状态中,以便身心恢复。

上帝不能到每个家庭,所以派了母亲到家庭,母亲就是家中的大天使,任怨任劳、无怨无悔,仿佛家务活才是适合女性的劳动。19 世纪,有一位女作家叫夏洛特·珀金斯·吉尔曼,出生于 1860 年。她是一位记者、社会评论家,同时也是妻子与母亲。她的女儿出生后,她感到"极度的疲惫感……绝对的无力感和绝望的痛苦",于是她去咨询米歇尔博士。现在看来,这位女作家当时可能患的是产后抑郁症,但在那个年代,她得到的诊断是"神经衰弱"。于是,她需要像婴儿一样，定时吃药、吃饭，而且米歇尔要求夏洛特尽可能居家，好好休息，"永远不要碰钢笔、画笔或铅笔"。

但是，这种治疗过程对夏洛特来说是新的创伤，她发现自己被当作儿童、残疾人以及天生的病人，而这竟是当时女性的普遍命运。于是夏洛特根据这段时间的经历，写下了半自传体小说《黄色墙纸》，书中的女主人公就是这样一个被要求绝对静卧的女性，她每天无所事事，盯着黄色墙纸上的一块污迹看。在她眼中，那块污迹渐渐变成了人，一个被封在墙纸里的、哪里都不能去的女性，和她本人一样。最后，小说里的女性疯了，她想办法弄断护栏，爬了出来，成功地解救了自己，也解救了墙纸里被困的女性。

《黄色墙纸》于1892年发表。同年，夏洛特在现实生活中向丈夫提出离婚。当时，离婚案十分罕见，以至于报纸上都称之为"丑闻"。夏洛特的产后抑郁症从未痊愈，并困扰了她一生。1932年，72岁的她罹患乳腺癌。三年后，她自杀身亡，自杀之所正是她写作《黄色墙纸》的地方。

1968年，英国精神病学家正式刊文，首次提出"产后抑郁"这一症状，并指出抑郁症的发病率已经达到8%～10%。产后抑郁的致病因素复杂，除了家族遗传因素、生理激素水平，婚姻家庭关系、经济水平和个人经历等社会因素也有影响。

有一组对1 126名产妇进行的面对面问卷调查非常有名，结果如下：1 126名产妇中共有133人出现产后抑郁症状，占受访问总人数的 11.8%；和"只与丈夫同住组"相比，"与公婆同住组"产妇发生产后抑郁的风险增加 1.48 倍。另外，低学历和低家庭收入的产妇更易发生产后抑郁。

看了很多妈妈的真实经历之后，我疑心有些"产后抑郁"可能是"过劳郁"。

我读过一本韩国育儿书，作者是位育儿专家，书里肯定地说，韩国产妇 100% 患有产后抑郁症，这是正常现象。韩国文化不鼓励公婆或者父母帮忙带孩子，育儿是对韩国年轻女性的锻炼。产妇要把育儿作为一种修行，如此才能养出有修养的孩子。我说不出哪个观点更令人震撼，是 100% 的产后抑郁率，还是"产妇要修行"的观念？还有一本韩国小说《82 年生的金智英》，说的也是类似的事。金智英就出生在这样的国家及时代，承受了全文化对女性的歧视与不尊重。她生了小孩之后，更是无人帮忙，只能一个人独自照顾孩子。最后，她因产后抑郁疯了，可以理直气壮地说出心里话了。

说完韩国，我要说说中国的"过劳郁"。

首先，全职妈妈更容易过劳郁。这一点和想象的不一样吧？大家可能都觉得，职场妈妈一边上班一边照顾孩子，难以平衡，却没想到，当妈妈全职在家时，婆婆和丈夫都会默认：全职妈妈既然不上班，那么，她们在家带孩子也是天经地义、合情合理的。

如果你是全职妈妈，你会发现，你不能要求下了班的丈夫给你搭个手，因为你会觉得他都忙了一天了，而你在家什么都没干。你如果拜托婆婆帮忙带一下孩子，老太太必须拉脸，觉得你在家没事还这么懒，地板居然是脏的，你居然给孩子吃速冻饺子……

如果你钻到家务活里，能忙死累死，像个陀螺一直转；如果你想横下心甩手不干，就得应付周围无休止的指责。你休想解释——再没有比解释更累的事情了。

其次，生了二孩、三孩的妈妈更容易过劳郁。一位妈妈对我这么说："我四年生了两个孩子，两个孩子都是过敏体质。大娃每天晚上哭好几次，我都是 24 小时带着他。生了二娃后，变成每天从早到晚带两个孩子，期间还要喂母乳。

"我白天要煮一大家子的饭，打扫卫生收拾家。晚上等全家人都洗过澡后，又要把换下来的衣服洗干净，一直忙到凌晨一点多，才晾衣服。年龄稍大的孩子晚上睡不好，又哭又闹的。我还要给二娃喂几次夜奶。我的腰痛得不行，晚上只能倚着洗衣机哭……

"我只能全职，老公为了养我们，不得不去外地工作，因为本地工资不高，开销又高。婆婆不仅不帮忙，还总爱叫亲戚朋友来家里打牌吃饭，端茶倒水的是我，洗菜切菜煮饭的也是我。

"我很绝望，我没钱没本事，还带不好孩子。孩子一生病，当妈的永远被大家责骂。身边也没有个可倾诉的人，即使有，也怕他们说我矫情、不懂事……"

面对这种情况，我只能建议各位妈妈，其实两个孩子的出生间隔可以稍微大一点儿，等老大上幼儿园之后，再要老二，这样你才能缓一口气。

再次，要求完美的妈妈更容易过劳。总有些妈妈，读书时是容不得99分的好学生，上班后是容不下PPT有任何瑕疵的好员工。生完孩子后，她们又是容不下家里有任何污垢、孩子有任何错误的"好妈妈"。她们必须趴在地上不停地擦，为了看不见一粒灰尘；她们必须亲手洗内衣裤，为了消灭永远存在的细菌病毒；她们必须时时盯着孩子的所有行动，为了你的孩子安全无忧。其实，孩子不是温室的花朵，你的家也不必是伊甸园。过于追求完美，窗明几净的家也有可能变成孩子的噩梦。

所以，如何避免产后抑郁？激素水平不好控制，妈妈能做的就是避免过劳，避免过度付出，避免在精疲力竭里失去了思考力，避免在疲于奔命里失去了自我。

当然，产后抑郁还跟人际关系、丈夫的表现密不可分。但如果你有吵架、打架的力气，甚至有离家出走的能力，这些问题都是可以理性处理的。

不要为孩子的哭泣感到内疚

很多妈妈会为孩子的哭泣感到内疚。孩子一哭就得抱，就得喂奶，就得哄。哄而无功，更加内疚。事实上，婴儿的哭泣有很多可能性，比如闹瞌睡、锻炼大动作能力、表达爱意等。

孩子困了，他需要睡觉。但孩子有可能不知道自己困了，不知道闭上眼睛就能睡着。他只是觉得不舒服，于是用各种方式对抗这种不舒服，大哭大闹甚至要求出去玩，直到被困意淹没，睡着为止。

心理学家关于睡眠的理论很多，比如巴甫洛夫有一套完整的睡眠理论，认为睡眠的本质是起源于大脑皮层的广泛扩散的抑制，这种抑制在皮层中和向皮层下脑结构扩散过程中存在一定的时相，构成从觉醒到完全睡眠的过渡，即催眠相。梦是由于内外环境因素的影响，在大脑普遍抑制背景下，细胞群局部的兴奋活动的结果。简而言之，他对闹瞌睡的解释就是大脑中某些部位被抑制了，于是其他部位反而被激活，令婴儿感觉到兴奋，活跃不已。巴甫洛夫未必就是对的，但他至少给出了一种可能性。这种情况下怎么做？答案是做不了什么，因为这是大脑自己的事。事实上，大人去抱婴儿，去哄婴儿，反而打破了孩子大脑的自我循环，这是有害无益的。

不过，我可以献上一个哄睡小秘诀——念诗。这样做的好处有很多，比如，让孩子早早了解音韵之美。古诗念起来铿锵起落，很容易培养孩子的节奏感。孩子十个月前，没听过的音他一生都发不出来，所以多给孩子念诗，可以弥补日常生活中词汇量不足的问题。有年轻朋友说自己只能背《木兰辞》，还背不完整。因此，我一口气把《将进酒》《侠客行》《念奴娇·赤壁怀古》《沁园春·雪》

等诗词给她们在微信上推了一遍。这些都是意气高昂、热情饱满、让人血脉偾张的诗词。朋友们都很感谢我，此后，她们的孩子每天都睡得很安稳香甜。

我看过另一个关于哭泣的解释是，哭泣可以让新生儿得到锻炼。新生儿是很柔弱的，躺着一动不能动，你把他摆成什么姿势，他就是什么姿势。新生儿像一株植物，有着蓬勃的生命力，但是依然需要养料，等待被唤醒。当胎儿的肺发育到一定程度，会给出一个信号激活分娩机制。胎儿千辛万苦，用尽全身力气见生天。呱呱坠地后，他张口吸进第一口氧气，便哭泣不止。在婴儿出生之后，哭也能起到类似的作用：婴儿的口腔被打开；腹肌胸肌被锻炼；上下气道逐渐适应在发声的同时自由呼吸；随着哭泣而蹬腿和挥手，大动作也得到了锻炼。

我要说一个小笑话。我怀孕的时候，看了大量和产育有关的书，其中提到婴儿的哭泣声高达96分贝，我半信半疑。后来我自己在病房里等待手术，听见旁边病房一个产妇在大喊大叫："让我剖，让我剖，我疼，受不了了……"一堆人乱哄哄地在劝说安抚她，包括调门很高的护士长、婆婆、妈妈和老公等其他人。就在这时，不知在哪间病房，有个婴儿开始大哭。呵，这金口一开，嗓门惊人。立刻，产妇的闹腾声完全被压了下去。不知道是碰巧还是被感召的，其他婴儿也加入了"哭声大合唱"，那音量就算是拖拉机也不遑多让。

妈妈们对新生命的"清唱"要重视，但无须过度重视。

另外，孩子哭可能只是以一种特别的形式来表达对妈妈的爱。我朋友玉言最近很崩溃，所有人都说她的女儿很乖、很听话、很好带。但女儿只要和妈妈在一起，就又哭又闹又不听话。昨天，小丫头要抢妈妈的眼镜，妈妈怕给摔了，讲话稍微大声了一点，小丫头就放声大哭，还死攥着眼镜不松手。玉言说："我抱她溜达，结果她看见她爸爸一下扑过去，双手紧紧攥着她爸的衣服，一副特别委屈的样子。她爸接她过去，她就抽泣。我凑头过去，她就白我一眼，又开始号啕大哭。她过了五分钟才又要我，但我依然没有把眼镜成功抢回来。而她扑过去找爸爸的时候，她爸爸跟她要眼镜，她马上就递给爸爸了。"玉言很郁闷，这是为什么？女儿就只欺负妈妈吗？

我回答："正常的，小孩儿见娘，没事哭三场。"

玉言依然不解："那小孩的目的是什么？"

我苦笑："一个婴儿，做事还有目的？这就是本能。"

玉言说她上网查了，专家说这是孩子没有安全感的表现，但她也不知道孩子的安全感缺哪儿了，该怎么补。

我说："安全感就和钱一样，是人都缺。没人不缺钱，也没人不缺安全感。我更倾向于认为，孩子这样的举动恰恰是有安全感的体现。对婴儿来说，妈妈是全世界最爱自己的人，可以在妈妈这里肆意妄为，大哭也好，闹腾也好，都不会影响妈妈对自己的爱，甚至还要表现得更委屈。"

玉言又问我："小年也这样吗？"

小年大概五六岁的时候上围棋课。她从厕所出来的时候，因为地滑，摔了一跤，坐到了地上。所幸是冬天，孩子穿得比较厚，她摔得不厉害，就一个人试着站起来。我在旁边休息室看着，也懒得管。结果，一个家长看到了，连连惊呼，又冲过来叫我："你孩子摔了！"我只好出来。小年一看到我，立刻腿一软，坐倒。这下可倒好，小年直接坐到水泊里了，她放声大哭："妈妈，我摔跤了……"没错，小孩见亲娘，没事哭三场。

哭，是撒娇，是有恃无恐。孩子知道："我不哭，妈妈是爱我的；我哭，妈妈会更加地爱我，而我想要妈妈更加地爱我。"

熬过前三个月，你会拥有更多惊喜

我刚当妈妈的时候，一点儿也不爱孩子——因为我太累了，一天 20 个小时都在喂奶（虽然听起来不科学，但确实是事实），我只能在剩下的四个小时里抽空上厕所。当妈以后，我最强烈的感觉就是，我总是在憋着便意。因为我在喂奶的时候，她迷迷糊糊快要睡着，此刻即使我想上厕所，也怕一动就弄醒她，又要重新来哄。

我记得我在小年出生后的第 13 天，又是一个通宵都在喂奶。天将放明的时候，她终于睡着了，但床上被她的尿液浸湿。我累得实在无力清理，只好倒在床上，内心崩溃绝望，心里想着这日子到什么时候才是头呀。如果有一整支团队能帮我带小孩，我一定立刻把小孩交给他们，连看都不会看一眼。

我说的是真的。孩子出生的前三个月，带孩子是纯苦役，没有快乐，只有各种肉体上的疼痛和疲劳；没有成就感，三个月的小孩连头都不会抬，就是一团肉；没有回报，无论你为这个小孩做了多少事，做得有多好，他都不认识你，都只会发出强烈的哭声。而且谁的奶都一样，你的奶、牛的奶、奶妈的奶，都行，有奶就是娘。

人生前半场，我从来没有遇到这么难的事。我能在完全不爱且没有回馈的事上如此坚持，纯粹是因为我是母亲，我别无选择。

转机在三个月之后到来——渐渐地，这个小东西认识我了，她会对着我笑了，她看到我从外面回来，会眉开眼笑往上扑。哪怕我明知道，她是为了我的乳汁，但至少我知道孩子是需要我的。而她甚至在吃奶的时候，都会抬起眼睛看我，静静地看我。那眼神在说："我认识你，你是一个很重要的人，我要用目光抚摸你的鼻子、眼睛，我以后将用双手轻抚你，我要看清你的一眼一眉。"

爱，终于换到了爱。我非常佩服有些父母出于道义、责任或者信仰，去爱完全不爱自己的子女。但我觉得绝大多数父母都做不到，因为人性使然。我们很难去爱那些不爱我们的人，但带孩子必须挨过最初的三个月。并且，这世上的爱，大部分取决于"你是什么人"。而孩子的爱,往往是因为"你为他做了什么",这是必须用行动去换取的爱。

在小年快一岁的时候,我终于出了第一趟短差。我当天早上出门,在当地睡了一夜,第二天下午就回来了。我记得回来的时候,还给小年带了礼物。我很开心地喊她,逗弄她。然而,她在姥姥怀里,皱着眉认真地看着我。我当时没有想到会有她认不出我的可能性,我还以为小年是生气了,但是突然间,她认出了我,也许是我的气味,因为小婴儿第二天就能分辨母乳与其他人乳汁的气味区别;也许是我的声音,因为每个妈妈都有独一无二的音色;也许是我的笑容,毕竟我是世上第一个向她微笑的人。她狂喜地又蹦又跳,同时可能也意识到,妈妈消失了一段时间,于是又呜呜地哭起来。这是传说中的喜极而泣吧?我把她抱紧入怀。

有一个关于同理心的实验,将婴儿作为受试者。实验人员先给婴儿看妈妈大哭的样子,婴儿在惊慌之后,也会大哭。这表明他们理解了妈妈的难过,他们感同身受,也很难过。之后,实验人员又给婴儿看了陌生人大哭的样子,婴儿会惊慌得大哭,甚至想努力爬走,这时他们也理解了陌生人的难过,但他们因此觉得很恐惧。

因亲人的难过而难过,因陌生人的难过而恐惧,这两者都是同理心。

妈妈得到的,是孩子无条件的爱。

教养之道

放手让孩子摸爬滚打

有一位信奉"亲密育儿"的妈妈，她与孩子 24 小时在一起，随时随地抱着孩子，认为只有让孩子感觉仍在母胎中，才能给孩子最深的安全感。这么个抱法，妈妈的手腕、肘、腰、腿等全受不了，所以她经常艾敷针灸，动不动就浑身疼得一动也不能动，只能与孩子相依而眠。

为什么没人帮她带小孩呢？因为所有人和她的教育理念都不符。她骂走了劝她断奶的亲妈。她认为孩子对母乳的需求是一种本能，不要干涉，等孩子没需求了会自然戒断。她骂走了制止孩子玩电源插头的婆婆，她认为保护孩子是妈妈的第一要务，这种事儿应该首先跟孩子妈妈说，让她来处理。如果旁人要说孩子，也得和颜悦色地说，怎么能够大声呵斥孩子呢？

她平时在家就一直抱着孩子，没法做家务，所以餐餐吃外卖。她只要出门就起冲突，冲突对象包括不让孩子在大堂飞奔的物业人员、不让孩子在地上爬的商场工作人员、不让孩子在墙上乱画的肯德基服务员。她认为自己是最通情达理的，因为如果他人有要求必须亲自找她商量，但前提是不能吼她的孩子。例如，她的孩子在儿童游乐场遇到个比自己大的小姐姐，想跟小姐姐玩。她同意了，但给这个小姐姐讲了一堆注意事项:"你必须尊重我的儿子,他不是小弟弟,是个独立的人。"小姐姐似懂非懂地站着听完,大概觉得怪阿姨不可理喻,扭头就走,不玩了。她的宝贝儿子看着小姐姐远去的背影,放声大哭。

在育儿过程中,这位妈妈与丈夫也起了巨大冲突。她 24 小时带孩子,但等丈夫下班,进入她与儿子之间紧密的空间时,就会引发冲突。爸爸要求儿子不要挑食,妈妈却不以然;爸爸"妄图"带玩了泥巴的儿子去洗手,但遭到了母子的一致反对。这位妈妈的观念是,孩子不愿意去洗手,是喜欢泥在手上的感觉,你要接受,不能强迫孩子。有一天,爸爸搭同事的车回家,遇到儿子和妈妈。同事向儿子打招呼,儿子露出害怕的表情。妈妈就认为这个同事是有问题的,因为一个连她儿子都不喜欢的人,怎么可能是正常的?后来爸爸要求她必须送孩子去上幼儿园,如果不送,就离婚。要么孩子归爸爸,别人家小孩怎么带,这个小孩就怎么带;要么孩子归妈妈,爸爸出抚养费,一个月三千元,其他什么都不管。

夫妻关系到了要谈离婚的程度,可能是夫妻双方均有问题,可能是由于沟通、原生家庭、一方的性格特质等问题……也许需要长程的辅导才能改善,而不仅是要改变母亲,可能家庭里的每个人都需要改变。但是,0—3 岁是孩子生长发育的黄金时间,他得到的养育将是未来人生的底色。母亲争分夺秒地想要多爱孩子,但爱与规矩哪个更重要,答案也许是因人而异的,我们也没法判断。哪种教育模式到底好不好，说不定要过好多年才能看出来。麻烦就在于，如果这孩子长大后身心健全，当然是好事儿；如果不是，便已经无法更改了……

伟大的心理学家皮亚杰早就说过："智慧来自双手。"孩子是如何认识世界的？是靠摸，所以孩子有了触觉；是靠捏，所以孩子理解了软硬；是靠咬，所以孩子知道它的滋味和它在齿间的感觉；是靠摇，所以孩子感受它的声响……

皮亚杰给孩子们做实验，指着一个抽屉对孩子们说："这是抽屉。"孩子们无动于衷，即使说一万遍也没用。于是，皮亚杰拉开抽屉给孩子们看，示范了一拉一合的动作。孩子们觉得很好玩，咯咯笑了起来。接着，皮亚杰让孩子们亲自拉，孩子们大笑着拉动抽屉，同时发现了自己的嘴也跟着一开一闭，觉得这是最好玩的玩具。皮亚杰认为孩子们通过亲自实践，知道了什么是"开启与闭合"，并且发现了嘴和抽屉一样会开启闭合。那么，嘴和抽屉是否还有一样的功能？比如把东西塞进去或者倒出来？这往往也要靠孩子们自己去发现。

还有人人都知道的蒙台梭利，她是意大利第一位医学女博士。在她就职于罗马大学精神科期间，她接触到了很多发育迟缓、有智力障碍的孩子，她认为这些孩子也应该受到教育。1897年，她与一位年轻的博士蒙特萨诺恋爱且合作，为智障儿童开设了一所学校，并设计了很多教具。二人一直观察孩子们，与他们互动，尝试通过感官刺激促进孩子们的心智发展。经过一段时间的教育后，让智障儿童参加教学考试，其中部分儿童竟然通过了考试，甚至超过考试的平均水平。蒙台梭利受此启发，开始了对"蒙氏教学法"的初探。蒙台梭利的办法就是"感官刺激"，或曰"摸爬滚打"。

独立地靠自己的双腿行走，靠自己的双手双眼感受世界，没有比这更重要的事了。如果你去养老院采访老人们，问他们什么是世上最幸福的事，老人们会说，自己上厕所，吃饭，走路，做一切自己力所能及的事情。

其实，这对孩子来说也一样。

亲密，有时候是一种束缚。

孩子当然需要妈妈紧紧的拥抱，但孩子不需要妈妈 24 小时抱着他。

带孩子玩比给孩子做饭重要

有一种说法是，陪伴是最长情的告白。我说："陪伴不是，活动才是。"不是说要像植物一样，一动不动地陪伴着孩子，而是和他一起吃喝、一起跑步、一起活动、一起面对困难处理问题。爱情如是，亲情也如是。

朋友青青讲了一件事给我听。有一天，她带儿子坐出租车，路上娘儿俩拉家常："宝宝，今天你在学校遇到了什么？"孩子回问道:"妈妈,今天你上班上得好不好?"到快下车的时候,出租车司机说:"第一次遇到你这样的妈妈。"她很奇怪,自己没做什么特殊的事呀。司机解释,一般妈妈带孩子时,都会玩手机,通常孩子会扯着妈妈,要妈妈和自己说话,妈妈还会吼小孩。

我听了这个故事以后有些疑惑。陪孩子时玩手机,这算陪伴吗?当然算。只是这样的陪伴有意义吗?陪伴如果指的是你做你的事,我做我的事,或者各玩各的,那么陪伴就毫无意义,而一起活动才是真正的告白。

还有一种情况,有些妈妈可能觉得意义重大,但我觉得应该适可而止的行为是做饭。大部分人应该都看过日本妈妈的新闻,她们大清早五点就起来,给孩子做各种造型的便当。熊猫便当就是白米饭上嵌黑豆、梅子和一团肉松;绿鲤鱼便当就是在白米饭上覆盖青菜,菜叶都选大小一致的,一左一右地排列。这些饭菜美感绝对一流,但是吃到嘴里不就是白饭小菜吗?有这工夫不如多陪伴孩子活动一会儿。你可以早起和孩子一起跑步,一起放风筝。你也可以倾听孩子的各种童言稚语,还可以对孩子胡言乱语,然后两个人一道在草坪上打滚,多好。

孩子最重要的器官,绝不是胃,是脑与心。人在出生之后,脑部会经历两次迅猛发育:一次在一岁之前,另一次就是青春期。如果想让脑部发育得好,不要光想孩子吃什么,还要让孩子的大脑习惯于狂奔、散步与休息等种种状态。一方面,可以让孩子输入大量信息，包括听到、看到的各种知识、事物、新鲜的人。刺激越多，大脑发育越好。另一方面，婴儿必须大量用脑，大量倾听，看外面的风景，听妈妈念书，看各种对孩子们来说稀奇古怪的并且能够引发他们思考的事物。

随着经济、医学水平的不断发展，人类的育儿方式其实是在不断改变的。所以，很难说哪种是主流，哪种是正确的。例如，早期的育儿理论其实是建立在"婴儿的高夭折率"这一现实基础上的。如果养不好，孩子就夭折了，因此人们非常重视养育。以前的育儿书会讲很多有关"如何给孩子做辅食"的知识，而不主张母亲与孩子之间进行更多情感互动，也不强调早教。其背后原因是当时生育率高而新生儿存活率低，母亲的主要任务就是"生"。如果母亲与每个孩子都有感情，当孩子夭折的时候母亲会极其痛苦。所以当时母亲对孩子的教育和感情，往往在孩子三四岁之后开始，这时最危险的年头已经过去了。今天，婴儿夭折率已经下降到一个很低的数字。那么，过分精细的养育、对孩子安全或疾病的过度关注，是不必要的焦虑，还可能给孩子增加心理压力。而早期的情感联络，培养孩子的健全人格，形成正面的、健康且长久的亲子关系才是更有意义的。教大于养，活得快乐更重要。

松田道雄所写的《育儿百科》是我读得最认真的育儿书籍，他有一个观点深得我心。他认为不要在一些精细的小事上，过度耗费母亲的体力、精力。早期当然是母乳喂养比较好，但总有母乳不太够的妈妈，这些妈妈为了能够全母乳喂养，拼了老命，让孩子几乎24小时挂在自己身上。但后果是妈妈长期得不到休息，身体极度疲乏，内心的挫败感又挥之不去，最后人困马乏。即使能勉强全母乳，也很容易造成妈妈将来的健康问题。到孩子能吃辅食时，我见过许多母亲，尤其是老一代，会站在厨房里，花几小时来做辅食。作者反对妈妈们非常精细地切肉泥、剁蛋黄之类，明明有市售品可以取代。这不是说自己做食物不好，而是说，母亲原本可以省下这珍贵的一两个小时来陪孩子玩，给孩子饱满的亲子陪伴时间。到孩子能爬能走了，妈妈们也无须把家里擦得一尘不染，累得腰都要断了。松田认为母亲应该陪着孩子摸爬滚打，然后家里保持正常清洁即可，轻微的污垢并不会影响孩子的健康。跟妈妈一起玩耍的童年，是孩子一生最宝贵的底色。

简而言之，不要为了孩子的"吃"，耗尽妈妈的精力和时间。虽然有一种说法是，爱一个人的话，就愿意做好多好吃的给他。但我觉得，与其我一个人下厨，我爱的孩子独自去玩，然后他一个人吃，我带着满头的油烟味道、满手的刀痕、满脸的沧桑、满眼满足的笑容看着孩子，还真不如我与孩子一道风风火火地大玩一场，再点个外卖。

教育是因材施教，不是教条主义

关于教育，流派太多。最近旁观大家的育儿之争，我忽然心有所悟，育儿观念之争其实正是儒家、道家、法家之争，其本源就是对人性是善还是恶的争论。

儒家的观念是人性本善，但需要教化，强调"正面管教""不打不骂教出好孩子"，讲的是"教"，是引导孩子。

道家的观念是天人合一，人也是大自然的一部分，所以无善无恶，强调"听从内心的声音""爱与自由"，就是接受自我，讲的是"顺"，让孩子自由发展。

法家的观念是人性中有很多黑暗面，较类似于经济学的原则"人都是理性的"，或曰"人都是自私懒惰的"。所以，"虎妈"强调的是管束，是管理，是"人心是铁，官法如炉"。父母要管教孩子，控制任性。

另外还有一种观念，是中国传统的"内法外儒"，就是表面上是教育，本质上是利用法律和惩罚吓阻，再温和也是一种严厉的管教。

所以，你是哪类育儿理念的拥趸，其实取决于在你自己心目中，你本质上是什么？是块待打磨的璞玉，是渴求被爱的小孩，还是要努力克制的小黑魔鬼？哪种教育理念是对的？还是应该如孔老夫子那般，做到有教无类，因材施教？这个问题是无解的。但是任何教育理念都不能走极端。

我看过一个惨剧，一位新手妈妈因为迷信"睡眠训练"，令婴儿窒息身亡。关掉新闻，刚好看到机构在推销睡眠训练时的话术，其中有一句是，"胎儿在妈妈子宫里，就是腹面部朝内，背部朝外的蜷曲姿势"。这明显违背常识。如果真这样，各位妈妈产检时，医生是怎么拍到孩子的口唇部的？

到底胎儿在子宫内朝哪个方向，我真不知道。但不知道，首先，可以去问专业人士；其次，可以去看专业书。而不应该人家说一个答案就信以为真。谁是专业人士？医生。什么是专业书？首先是医学书，其次是其他书。

我认为无知并不是一件大事，人总有"无知带"，学习突破就是。知道当然更好。但麻烦就在于不知道自己无知，还坚信自己知道。不读书、不咨询、不学习，说些一知半解、似是而非的理论。自己身体力行也就算了，还往往影响到家人或者身边的人。

现在还有一种流行的教育理念，认为家长不应该限制孩子吃甜食。他们有很多例证："孩子吃糖，吃到血液含糖量平衡了，吃到心脏负担加重了，那肯定不会再吃了，因为他一定不舒服，没人愿意跟自己身体过不去。所以，孩子不会继续吃了。""饼干糖果如果充足供应，那么孩子对吃糖兴趣越来越少，最终只吃少量高品质糖果。""把四岁狂吃饼干的孩子当婴儿一样宠爱一阵，无须限制饼干糖果的数量，甚至主动喂给孩子，这样孩子对饼干糖果兴趣就会大减，因为他很清楚自己需要吃多少。"总之，这些理念认为父母不应该限制孩子吃甜食。孩子之所以猛吃甜食，就是因为家长限制过度。如果孩子够自由，吃得够多，他很快就会吃腻了，之后就不会再吃了。

不对呀，按这个逻辑，为什么要进行亲子阅读？难道不会因为书籍的充足供应，导致孩子看书的兴趣越来越少？如果无限度地给糖，孩子就能自然地不吃糖，那培养孩子阅读的方式应该是"严禁看书"——但凡发现孩子看书，打的打烧的烧，长此以往，孩子自然会深深地爱上书本。那些费心培养孩子阅读习惯的妈妈们都可以休息了。

如果你们能发现这些说辞中的荒谬之处，我想是你们能够绕开雷区的。

世上的育儿书那么多，育儿观念各有不同，选一本你喜欢的就行。

另外，我旗帜鲜明地反对父母进行"内疚式教育"或"感恩教育"，这都是在逼孩子叛逆。稍微说远一点儿。我认识几位职场女性，她们工作压力不小，还得陪读。她们既想让孩子上最好的学校，又想与孩子朝夕相处。她们在小孩学校附近租房子住，租的房子与工作单位之间有时要一两个小时的车程。于是她们每天开车四小时通勤，一坚持就是好几年。此外，她们虽然高龄得子，但是跑步、游泳、跳绳、打球……一个也不落下，发誓要保持最佳状态，不让孩子的同学叫自己"奶奶"。即使突然有一天垮了下来，卧病在床一两个月，她们依然会从病房里溜出来，带着留置针送孩子考试。

有人说，大城市通勤一两个小时是正常的。是吗？如果光是通勤一两个小时还好，但妈妈还要做饭，给小孩辅导作业，带小孩跑步。我看着她们这么坚持了几年，一个接一个地崩了下来，有人暴瘦二三十斤，有人住院，还有人最后不得不辞职……如此超负荷地付出，得到的是孩子们的感恩吗？当然没有。

大部分情况下，孩子们完全漠不知情。他们早已习惯这一切，只感受到自己一天天地长大，却意识不到父母一天天在衰老。这些孩子们没生过大病，如果家人不告诉他们"住院"是什么，他们就没法知道。父母无限给予爱，他们只想在孩子入睡前、起床后多和孩子说几句话，但孩子却不耐烦，只希望父母赶紧出几天差。

因此，我想对这些家长说："别太辛苦自己了。"太过辛苦的你，一定会心烦气躁，让你无法体贴温柔。如果你只想放平自己，好好睡一觉，那么你很难提供所谓的"高质量的亲子时间"。而你每一次给予，难免会在心里标出价格。你愿意将自己和盘托出，但你想要被孩子记住并且感激。你只是希望孩子在爱的激发下，能够好好学习。偏偏这一个愿望，未必能够实现。就算可以，孩子们也永远要承受着一种"如果成绩不好，我就对不起我爸我妈"的压力，这种压力像是一团乌云，笼罩着他。你真希望孩子背负着内疚向前吗？

大人会经常觉得孩子是故意气他们，才不好好学习的。天地良心，哪儿有这样的小孩！我得替小孩们说一句："谁不想成绩好呀?"小孩都是想好好学习的,只是他们不知道怎么才叫好好学习,也不知道到底怎么样才能成绩好。他们不只是想玩,他们也想在学校里被老师表扬,他们就是不知道该怎么平衡两件事。孩子折腾一通,妈妈付出了这么多,甚至病了,可是孩子还没能拿到让妈妈满意的分数。孩子心里不难受吗,不内疚吗?孩子该怎么办?真是恨不能马上消失,以赎此罪。

各位家长,这是你们要的吗?要不然,孩子就只能狠心对家长的付出视而不见。因为家长的付出是天高地厚之恩,孩子自觉无法偿还,那就算了吧。我替孩子们想想,也不知道自己该做什么,才能告慰妈妈的辛劳。只有考上"清北",才能让妈妈们觉得自己没有白白付出,但名校可不是想上就上的。孩子们反倒会想,父母要觉得"清北"想考就能考,那不如自己考考试试!

我真心觉得,父母的无限付出,也许是沉迷于母职惩罚的殉难感。

而受压之后的小孩,要么成了"白眼狼",要么走向极端。

爱是宽容,也是理解

我有时会想,是否因为人人都渴求"无条件的爱",也明知这是不可能得到的,于是发明了神。因为"神爱世人""佛光普照""神赦免一切""信望爱""我佛慈悲"……这些说的都是无论你是好人还是坏人，是美人还是丑人，是聪明人还是愚人，你都能得到来自天界永恒的爱。

孩子六岁之前，父母确实是他的"神"，至强大至慈悲，无所不能，一味付出，别无所求。话说回来，父母能对六岁以下的孩子要求什么？但当孩子渐渐长大，也就是父母偶像黄昏期的开始。孩子们对父母最严厉的指责就是，"你们没有无条件地爱我"。

许多父母只能俯首无言以对，因为如果父母诚实，他们就必要承认这私心杂念的存在。有时候，父母的爱确乎是有条件的，因为几个孩子中，有的聪明灵巧；有的比较贴心，很早就懂得心疼父母；有的让父母和整个家庭能够立稳脚跟，给父母提供最后的安身之地。但父母永远不会承认自己不够爱某个孩子，父母只是认为自己会不自觉地对某个孩子很严厉，从来没有意识到，有时严厉其实是隐藏的恶意。父母自己不会承认，外人也无从置喙，但孩子能感觉到拥抱爱抚里那根冰冷的刺。

父母的做法无关对错，我只是想提醒年轻的父母，这种对孩子"隐藏的恶意"还体现在很多方面。例如，孩子身上有两个人的基因，或许另一半和你已分开，但因为孩子的存在，你永远也无法摆脱对方的影子。有时，孩子身上有很多被老人惯出来的坏习惯，让你无奈。老人或许一直对你颐指气使，给你气受，而你既不能还击，也无法视而不见。这些情绪就这么积攒着，爆发在身体内的甲状腺增生和乳腺增生里。有时，孩子日哭夜闹，也会磨掉父母的青春和耐心。但是，因为他是你的孩子，即使有一些"隐藏的恶意"，你也必须无条件地爱他。

另一个问题是，难道孩子就能毫无条件地爱父母吗？答案是，孩子也做不到无条件地爱父母。因为孩子爱的是那个"对自己好的人"，不是"父母"这个名词，更不是道德绑架。

孩子为什么大都爱姥姥？因为姥姥最爱孩子。为什么在婆媳不合的情况下，母亲向孩子诉苦，孩子却无法完全理解和安慰母亲？因为对孩子来说，那是奶奶，奶奶对自己很好呀。你们两个都是对他很好的人，孩子没法站在哪边。所以，如果你的婆婆参与了育儿过程，我一向建议妈妈们不要向孩子抱怨婆婆。因为抱怨的结果，多半就是孩子觉得妈妈很过分。对孩子来说，你是在诋毁一个爱他、对他好的人。

还有些家庭，父亲的外遇或其他行为深深伤害了家人。当伤害涉及孩子的时候，孩子当然会恨父亲。例如，父亲作为家里的顶梁柱，却拿钱去养小三，导致孩子生活艰难。如果父亲抛弃孩子，孩子会更加怨恨父亲。但伤害如果仅仅停留在夫妻关系上，即使孩子知道母亲很痛苦，在感情上也会不由自主地倾向父亲。因为父亲是那个好看、体面、带孩子去玩、给孩子买东西的人。这种情况下，当孩子长大成人之后，经常会感觉到割裂与自责——他们知道自己在理性上应该站在被伤害的母亲一方，但理性与感情不能互相代替。

当然，换个角度，这对母亲也是个"福利"。因为母亲也可以做悖德的事儿，而不用担心孩子会怎么看自己。只要母亲让孩子觉得世上只有妈妈好，孩子才不在乎母亲是否是道德完人。我也见过母亲因外遇离婚，孩子归了男方后，母亲过着丰富多彩的生活，活得有声有色。她对孩子有愧疚，所以对孩子宽容到了纵容的程度，孩子当然也很爱她。

而即使父母与子女都很幸运，都得到了对方无条件的爱，彼此之间可能也有烦恼。

一位朋友是独生女，从小母亲就对她说"为孩子而活"，这"无条件的爱"给了她充足的底气，也让她有了与生俱来的压力。如果她做得不好，辜负了妈妈怎么办？而且她必然做不到如妈妈爱她一样爱妈妈。

而我是多子女家庭中的一员，我从小就意识到竞争无处不在。但好在我的家人很爱我，尤其是从我母亲身上，我知道了爱能广阔到什么程度，爱能强大到什么地步。然而，敏感如我，我也能感觉到爱里的原谅、包容以及"虽然我不懂你，但我依然接受你"。当我沮丧消沉，这爱里又带有一种隐约的谴责，仿佛在说："即使你不够优秀，我们也依然爱你。我们爱你，因为你是我们的亲人。"但有时候，天性贪婪，我希望有人爱我，是因为我足够好。我渴望另一种爱，一种"有条件的爱"，就像渴望一种奖励、一种争取而来的骄傲。

所以，你看出来了吧？爱是很难的，什么样的爱都不能令人百分之百满意。既然如此，就别强求得到，也不强迫自己付出。你得到的，就是你得到的；你能给予的，就是你能给予的。你做不到的事，别人也做不到。我们不必一味强求无条件的爱。

亲子之间经常会有不少"无厘头"的争执。孩子会抱怨："你不想管我，又为什么要生我？"母亲也急了："你以为我想生你吗？"这位母亲说出的很可能是她的心声，她不能拒绝婚姻。

几十年前，没有人听说过"不婚"这个选择。单位里有几个未婚青年，工会开会时，都堂堂正正地把"替大龄困难青年解决实际困难"当作下一年的工作目标。当时的女性不能拒绝凑合的男人，绝大多数人也没有择偶自由。因为圈子有限，相亲超过十次八次就会成为话柄，人人都说她"高不成低不就"。她没有试错的机会，一旦有过婚前性行为，就必须嫁给这个男人。婚后，她不能拒绝性生活，她不能决定是否要避孕，她不能决定是否要打胎，她不能决定是否要顺产，她不能决定孩子跟谁的姓。以上这些权利，对当时的女性来说，都是有名无实的。当时的女性也无法控制婚姻生活的幸福度。男人有外遇，她未必有能力离婚；男人懒惰不操持家务，那是更加恐怖的噩梦。她没法拒绝公婆干涉自己的生活，人人都说："公婆帮你带孩子你要感激。"她只好憋一肚子气："这孩子是我要生的？"

生育本身是九死一生，养育更是千辛万苦。当然，她不能拒绝这一切，结婚和生育对她来说，像天灾人祸一样不可避免。她爱的孩子，未必能保得住；她不想要的孩子，却无力阻止其到来，更不能拒绝养育。

爱，像一种魔药，像冬夜的雪，落到谁身上算谁的。如此这般，有些母亲爱自己的孩子，有些母亲不爱，其实是很自然的事。

爱，是一种情感，有时候必须在当事人有"不爱的权利"的时候，才可能生发。她不想结婚，不想生子，但是无力拒绝。

既然如此，就别强求她爱自己的孩子了。能爱，是她与孩子共同的福分。即使不爱但不得不养育，也就是母亲生活中的另一个无奈而已，没什么过错。对我们的上一代以及更久远的人来说，母爱是桩奇迹。也许想通了这个道理，那些不被爱的孩子，能够稍微放平自己胸中的怨怼，原谅父母。因为儿女的立场是，"我没要父母生我"。而站在父母的立场上，你就能理解父母的心态是，"我没要生你出来，我也只是无奈，哪有百分百无条件的爱，不过是我把一些积攒的爱转化成了对孩子你的爱。"

有一本书叫《小猫杜威》，说的是一只幼猫，被遗弃在图书馆的还书箱中。之后，它在图书馆馆长和读者们的爱护下，成为镇馆之猫。我读的时候，惊叹的不是一只猫竟然得到了这么多的爱，而是收养它的图书馆馆长。她得到过很多来自社会与家庭的爱、支持与原谅。这位图书馆馆长，经历过多次手术，离婚，单亲育儿。当她失业时，她的父亲和兄弟姐妹筹钱帮她养孩子；当她想进修，有无数机构为她开绿灯；她想当馆长但学历不够，于是人们网开一面，让她边代理边读书。从她身上，可以看出得到的爱越多的人，越能够好好地去爱一个人、一项事业和一个小动物。

我看着身边的年轻朋友们一个个当了妈，我也清晰地感受到，新妈妈在产育期间被照顾得越好，就越能够从容地度过这段人生中最孤单的里程，也就越能够很早地爱上这个新生儿。当孩子陪在妈妈身边，母亲的身心都是安静舒服的，母亲就很愿意哺育、爱抚、哄慰婴孩。

反过来，如果妈妈身体痛苦不堪，娘家婆家吵闹不休，老公不给力，睡眠严重不足……新手妈妈又如何能在火山口上喂养婴儿？谁能在着火的房子里静坐？孩子的哭声，是这些噪音中的一种；孩子的索求，是无数索求中的一个。因为孩子，她被骂，被指责——"你的奶不好""你没有顺产是因为你怕痛""你不要抱孩子了，孩子不要你"……这样，妈妈甚至会对孩子升起憎恶的心情："都是你坑了我，害了我！"母性从来不是与生俱来的，许多母亲都是熬过最艰难的时段，才渐渐地爱上自己的孩子。然而有些妈妈，永远都无法爱上孩子。我该同情谁？是同情那些不被爱，至少在最早期不被爱的孩子，还是同情那些不被爱，至少是被爱得不够的妈妈？

不止这个年代的母亲令人同情，旧时代的母亲更是让人心疼。著有《青春之歌》的作家杨沫 1945 年在日记里写道，过去她总认为带孩子不是革命工作，为了革命工作，就应当把孩子扔给别人带，自己腾出时间来工作。后来听了报告，又有妇女部长给她写信，她才转变了原来的观念。因为她认识到了一个简单的道理：做母亲本身就是一项伟大的工作，养大一个孩子后，他至少可为革命服务20年。

于是杨沫决定自己带孩子，但还是有许多困难使她苦恼，尤其当孩子淘气或缠得自己不能动身时，她就会烦恼、生气、委屈……有时因为孩子的拖累，杨沫不能像其他女同志一样活动、工作，她的内心很痛苦，有种前途将被葬送般的不安。

杨沫18岁那年，在小汤山的一户农民家，生下第一个男孩儿。产后12天，因农村闹霍乱，她不敢多待，就把婴儿留下，自己返回北京。结果这个孩子长到一岁半时，就生病夭折了。

她的第二个孩子是个女儿，她只喂了八个月奶，就把孩子送回了河北农村老家。这个女儿直到40岁，才知道自己的生父是谁。

第三个孩子是杨沫24岁那年在河北深泽农村生的，孩子刚满月，杨沫就去追赶大部队，把孩子留在农村，孩子八岁时才被接到她身边，但孩子有一只眼睛已经受伤了。

而她在日记里，写的是她生第四个孩子的心路历程。怀第五个孩子时，她决定打胎，却因手续问题没有打成，只好很快把刚生下的孩子送回老家，找人喂奶。

第五个孩子后来亦成为作家，笔名"老鬼"。他曾经怨恨过母亲，他说："母亲作为一个作家，是优秀的；但作为一个母亲，却有严重的欠缺。"但老鬼后来渐渐地理解了母亲杨沫的困境——她是母亲，也是一位有追求的作家，更是一个革命者。她想要两全，但无法做到。如果在今天，她也许能够优生优育。但在当时，杨沫无法摆脱反复受孕生产的命运，这种命运让她痛苦，她甚至迁怒到了孩子身上。

杨沫固然有她的自私与冷漠，幸好到了晚年，杨沫渐渐意识到自己作为母亲的一些失职。而老鬼，经历了人生岁月，也看到了母亲的爱。最后，他们终于是一对相爱的母子了，终于能够无条件地爱着彼此了。

累的时候，请好好休息

我遇到一个年轻的女孩子，她非常年轻，却已是三岁孩子的妈妈了。

于是，我羡慕地说道："早生有早生的好，你一定是奶牛。"

她说："不不，我只喂了一两个月。"

我十分疑惑："哦，没奶？"

她还没来得及否认，自己就先笑了，是尴尬的笑，也是为自己开解："就是接受不了怎么一下子当妈了，接受不了这个小东西在我身上，特别烦。我不想靠近孩子，我宁愿用吸奶器把奶吸出来

第三章 孩子，妈妈是世上最无条件爱你的人

喂，也不想亲自喂。"

我说："我理解。"

搬家、升学、入职都是新生活的开始，是从一个"大陆"迁到另一个"大陆"。而生育的巨变，相当于搬出了太阳系。从此天翻地覆，一日长过一年，人不复是人。

宇宙之大，容不下一段安安静静的蹲马桶时间。但凡是做妈妈的，谁不曾提着裤子狼狈地奔回婴儿床前。孩子随时随地号啕大哭，此刻你是奴隶，孩子是你的主人，哭声就是鞭笞、是号令；你是狗，孩子就是巴甫洛夫，哭声就是铃声，就是要求，只不过你的乳汁并不会像口水一样自动流出。

从来没有人，会给新手妈妈们一个见习期、缓冲期，或是有人教导的实习期。总之，从婴儿坠地的那一刻起，妈妈的工作时间就默认是一周七天，一天 24 小时。

契诃夫有一篇短篇小说《渴睡》。故事大概是这样的：夜间，13 岁的小保姆瓦尔卡在摇摇篮，哄娃娃睡。娃娃一直在哭，早已哭得声音发哑，可是还是不停地哭。瓦尔卡困了，她的眼皮都要睁不开了，脑袋也耷拉下来了，脖子又酸又痛。在她快要睡着的时候，老板过来打她、斥骂她："孩子在哭，你却睡觉！"她又摇了一会儿摇篮，迷迷糊糊地打了个盹。碰巧老板娘过来喂夜奶，发现她偷懒，于是把她弄醒，骂她："你睡着啦？下贱的东西！"

接着，老板叫她生火，老板娘让她烧茶炊、刷雨鞋、摇娃娃。

娃娃还是在不停地啼哭,哭得乏透了。瓦尔卡感觉到有一种力量捆住她的手脚,压住她,不容她活下去。临了,她累得要死,用尽力气睁大眼睛,听着啼哭声,才找到了不容她活下去的敌人——原来敌人就是那个娃娃。

于是,瓦尔卡掐死了娃娃,她赶紧往地板上一躺,高兴得笑起来。不出一分钟,她已经酣睡得跟死人一样了……

这里有一个问题,如果这个工作了一天、困得要死又不能入睡的人,不是小保姆,而是娃娃的母亲呢?当母亲干了一天活,又要喂奶,又要做全家人的饭,又要洗无数尿布,最后还要哄孩子睡觉呢?她会不会恨得只想掐死这个孩子?极度的疲累,会影响母亲与孩子的感情。这个问题没有人会有疑问,男人们更是绝对不相信的,他们认为母亲爱孩子是天性,母亲无论多饥饿、多痛苦、多疲累,肯定都会深爱孩子。"母亲必须爱孩子"——只有这样认为,他们才能心安理得地从带孩子的苦役中摆脱。

我出生的时候,我妈说,全病房生的都是女孩。我爸牵着我大姐,背着我二姐,去看我妈,给她带了面包与荷包蛋。他是病房里唯一出现过的男人。其他产妇一边羡慕着我妈,一边在骂自己的婆婆和丈夫,因为他们的婆婆、丈夫一次都没出现过。然后,大家都是要出院的。可以想象,这些产妇在出院之后的生活——有些人要继续上班,有些人要操持家务,并且还多了个需要吃奶、换尿布的婴儿。然而,她们的婆婆、丈夫是不会帮忙的,只会冷眼旁观,甚至打骂她们。这是什么样的人间地狱？！

在这种情况下，请问她们还能像歌里、小说里写的那样，温柔地爱这个婴儿吗？这个婴儿的出生，带给妈妈的只是肉体上的疲劳和精神上的痛苦。小婴儿还要哇哇地哭，让她不能安睡。她又不是木雕的观音，能够不吃、不喝、不睡。

所以，如果你觉得你还不够爱自己的孩子，就好好放松一下。爱是山泉，只要大石头压得不那么紧密，只要有一条缝隙，泉水就会自然流淌。

不要内疚，不要为自己的"不够爱"而自责，你真的真的太累了。

揠苗助长，但是要轻轻地

有男读者来信，很认真地跟我探讨儿童阅读。说他从孩子一岁多起，就开始教孩子认字，还买了义务教育的《三千字》字卡，贴得满墙都是。他边教边依据《说文解字》，以甲骨文字形为辅助，力争让孩子理解每个字。

孩子三岁便开始读整本的文字书，但他既不看绘本，也不看拼音版，认为太浪费时间，读物以《昆虫记》《大英百科全书》之类为主。到孩子上学后，这位父亲又买来《诺贝尔文学奖全集》（青少版）《史记》（青少版）给孩子看。但是孩子五岁多的时候，就遇到了"阅读瓶颈期"——孩子非常抵触看书，有半年之久，他们只好迁就孩子，从科普、人文图书转到故事类图书。

现在，孩子进入了第二个瓶颈期。孩子八岁多，读小学二年级，期末考试成绩下滑得厉害，老师说，孩子总向同学借漫画书来看。越是如此，他越想在暑假给孩子报个阅读班，但孩子大哭大闹，极力反对。他与妻子观点相左，感到很困惑。妻子觉得过一段时间会好，他不想浪费时间。他说："请不要说我们是揠苗助长，我们认为孩子的潜力是无穷大的，阅读绝对要坚持下去。"

我张口结舌良久，最后答："揠苗助长也未尝不可，但是要轻轻地拔，你们都已经把小苗拔出地面了。赶紧让孩子爱干吗干吗吧，再'坚持'下去，别说课外书了，我估计孩子连课内书，也就是教科书，都不看了。"

我并不反对早教，我经常对家长们说，英语学习要早点儿，体育锻炼也要提前抓紧。尤其是体育，孩子四岁左右就可以为他选择第一个体育项目，让孩子接触"训练"，理解"坚持"这件事。兴趣确实是最好的老师，但除了天赋异禀的孩子，大部分孩子是要经历好奇、枯燥、畏难、想放弃、坚持、获得初步成就、更有兴趣……这一系列过程的。

兴趣不是指对某个项目一见钟情、永生不变，这连奥运冠军都做不到，何况是孩子。而在体育训练中，这个过程会特别明显，孩子会疑惑：明明身体累了，为什么还要跑？如果立马就停下来，将来到学习的时候，孩子就会暗示自己，累了是不是就能停下来？这道题明明还不会做，是不是可以放到明天再思考？但如果孩子从小坚持体育锻炼，能够咬咬牙坚持下去，他就会发现这一切其实还好，没有想象中那么累。

为什么要在四岁开始呢？因为大部分孩子是六七岁上学。我们需要给孩子一个较长的时间，度过那个"想放弃"阶段，让孩子把运动和克服困难当作一种习惯。

否则，当孩子不想练习了，正好开始上学了，上学便成了孩子直接放弃的最佳理由。

而拉一个较长的时间线，也是为了不"鸡娃"，让一切慢慢来。比如游泳，让孩子用一个月的时间，慢慢地适应水、不怕水；再用一个月的时间，开始玩水……就这样慢慢地推进，让孩子坚持用同一个动作练习，在泳池里来回游十圈，孩子会慢慢对游泳产生兴趣。

孩子的练习过程是从容的，心态是平和的，把这样的从容与平和迁移到学校的学习上，无事不成。

第四章

他是孩子的爸爸

父亲就是家庭"大厂"的厂长

我的原生家庭及我周围的幸福家庭,给我提供了一种"幸福模式",就是把这个家当作一个整体来考虑、来打算,认真生活,用实际行动一点点建设家庭。父母是否相爱,是否有忍让与牺牲,也许并不重要。而这种模式下,有时候,父亲就像家庭"大厂"里的厂长。

我的父母白手起家,什么事都一起来。母亲编毛衣,父亲打家具;母亲洗衣服,父亲挖地窖储藏大白菜;母亲安于生活,父亲比较爱动脑筋;母亲监督我们学习,父亲思索我们大学要学的专业。最后,老大学的是金融,老二学医,老三,也就是我,学的是工科。我父亲对他的安排很满意,避免一损俱损,孩子也能在各个方面发展。生活中，父亲常会带我们去游泳，等我们到家，母亲已经做好一桌饭菜喂饱游累的我们。

我的邻居是从小县城考出来的，一路念到博士，夫妻二人是同学。此后，妻子在大学教书，丈夫则去了企业。工作几年后，他们咬咬牙抢在房价起飞前买了房子。然后一起还房贷，一起带孩子。他们与我父母带孩子的方式很接近——分工合作。

这位爸爸更关心孩子的学习，比如几年级学奥数，送孩子去哪种培优班；妈妈就带孩子去按摩，预防近视眼（这可能是无效的，珍贵的是这番用心）。我请他们的孩子看一眼我写的童书，父母就安排孩子手写了一封回信给我，把这当作教育的一部分。

我认识他们已经十多年了，目睹他们为孩子做的一切。最初，妻子去海外做访问学者时，丈夫带上孩子一起随行，他心甘情愿地在美国当低级工程师。若干年后，丈夫已经做到大公司的总裁，但为了给孩子提供更好的教育资源，他辞了职，进入一所大学下属的公司。虽然收入不高，但大学的附小和附中，在全国能排到前十名之内。孩子在这所学校里，成绩果然很好。有时，夫妻俩会计算此举少赚了多少钱，但转念一想，为了孩子一切都是值得的。做人不要看小节，要看全局。我听了一震。

人有时候做了领导，才能有全局观，才能成长。

而对一个男人来说，做父亲是难得的"领导机会"。

他认真对待的一切，都会给他充足的回报。

时间、精力、金钱,应该用在最珍贵的人与事情上。

儒家说,修身、齐家、平天下。这个"齐"字多么精妙。

让一个家齐齐整整、兴旺发达,才是每一位投身婚姻的人应尽的责任。

以身作则,全力以赴培养孩子

有朋友认为,在养育孩子这件事上,当然是妈妈起作用,爸爸意义不大。朋友给我举了实例。

小 E 的爸爸就是上班下班,不管家,也不管小孩,但小 E 的妈妈很能干,教育孩子十分上心,所以,小 E 上了一流大学,之后也有了稳定体面的工作。

小 G 的父母不管孩子,小 G 连高中都没考上。

因为 E 家和 G 家区别就在"妈"上,所以有些朋友认为影响孩子成长和家庭和谐的诸多因素中,妈妈最重要,爸爸有没有就那么回事儿。

我立刻举了 C 家为例,C 的爸妈皆是事业有成,而且极其注意培养孩子,C 更是一路优秀,一直是"别人家的孩子"。E 与 G 如果摊上 C 爸会怎么样呢? E 家和 G 家都是"丧偶式育儿",或者是更糟的"诈尸式育儿"。

"丧偶式育儿"人人理解，但"诈尸式育儿"更糟。诈尸式育儿指的是，配偶长期"装死"，关键时候会跳出来唱反调。例如，有些爸爸从来不管孩子学习，妈妈正苦口婆心地教育孩子，爸爸在旁边说一句："学什么学，快乐童年最重要。"妈妈前面说的几万字的效果立刻就"付之东流"了。再比如，有些爸爸永远不主张、不陪伴、不反对孩子学钢琴，但孩子一练琴，他不是把电视声音开得特别大，就是说一句："一个班几十个人学钢琴，有用吗？"妈妈和孩子的天灵盖像是被瞬间劈成四瓣，两盆冷水浇下来。就像一个单位里，那种外行领导，时刻要刷一下存在感，看的总管干的，证明他比你更高瞻远瞩。想想看，这还不如"丧偶"呢……

事实上，父亲的存在对孩子的成长是极有意义的。如果要问谁对一个人的成才最重要，是父亲还是母亲，不妨先来看看下面几个孩子的成长经历，或许就能找到答案。

詹天佑为何能在12岁留学美国？因为他父亲的朋友发现詹天佑极有才华，不仅把女儿许配给他，还说服他的父母送他报名考试，让他幼年留洋。

达·芬奇的绘画经历是如何开启的？他的父母从未结过婚，五岁之前他在母亲身边生活，五岁之后才被送到父亲身边。达·芬奇的父亲不仅是个律师，还是个大地主。他父亲有一些有艺术素养的朋友，这些朋友认为他应该送达·芬奇去佛罗伦萨学画画。

第四章　他是孩子的爸爸

　　莫扎特、贝多芬为什么能成为伟大的音乐家？因为他们都出生在音乐世家，他们的父亲也都是音乐家。

　　作家琦君为什么能得到读大学的机会？因为她被身为将军的大伯父收养，大伯父身边的幕僚说，读大学、学英语，是现代大家闺秀的"标配"。

　　高斯为什么能成为数学家？高斯的家人不知道学问有什么用，也不知道什么是数学。他的父母担心浪费煤油，所以从来不允许他晚上看书。但高斯七岁就发现了高斯求和公式。这件事引起了老师的注意，老师意识到他有非凡天赋，便写信给领地上的公爵夫人，请夫人出资栽培一位天才，公爵夫人也同意了。

　　所以，一个孩子如果想在某个领域中取得卓越的成就，就需要这几个基本条件：第一，有一个伯乐能够发现孩子的才华；第二，有一个投资者有足够的金钱或者资源成就这个孩子，比如送孩子上学，或者亲自教导孩子；第三，最好伯乐和投资者是同一个人，不然伯乐还需要说服投资人做最后的决定。

　　回到前文提出的问题，到底是母亲重要还是父亲更重要？答案就是那个最有学识、最有资源（知识、财富或平台）的人，当然了，不论他还是她，首先得是个好人、正派人，因为教育孩子最重要的是教他如何做人。

父爱无疆，念儿未来，当加倍"服务"

有一位父亲令人感叹不已。他出生于清末，是富庶人家的第五子，17岁就结了婚，生了三个儿子。他大概是个很平庸的人，去日本留过学，但未能成为一代栋梁，倒是喜欢上了围棋，投入了大量的热情和精力。但他的棋力也不怎么样。回国后，他当了小公务员。

当时已是民国，时代动荡，公务员工资拖欠情况十分严重，加上他本身工作积极性也不高。更何况，一来他朝中无人，二来他不善吹牛拍马，出阁入相也与他无缘。平凡人合该庸庸碌碌度完自己的一生。

而他做了一件也许很平常，却让人觉得惊天动地的事：他经常上两三个小时的班就赶回家，培养膝下的三个孩子。和工作相比，他更热心于教育孩子。怎么个培养法呢？他先是请了塾师，教孩子们"四书五经"。当时，几个孩子分别是八岁、六岁和四岁，他们在一起上课。为了便于监督，他和孩子们一起听课，内容是《大学》《中庸》《论语》等中国人生、政治哲学。最小的孩子怎么也记不住这些内容。如果孩子背不出来，就会被他打手心。结果往往是哭的哭，斥的斥，弄到半夜12点才能结束。祖母经常为孙儿们说情，心疼地劝阻这位父亲："已经差不多了，可以了。"体罚不是他的本意，因为他小时候也是这样被教育出来的。

这样的课读生涯延续了四年，随着"五四运动""西学东渐"等新的思潮不断涌进，父亲渐渐悟出来了：旧王朝覆灭，旧的知识结构也已过时。他意识到因材施教的重要性，每天带着孩子们玩。

从日本归国的时候，他带回大量棋谱，教孩子们下棋。他欣喜地发现，老三明显比哥哥们有悟性。尽管当时家力微薄，不时要出入典当铺，但他还是从日本邮购了许多棋书，有幕府末期棋圣本因坊秀策的百局棋谱，也有方圆社发行的《方圆新报》合订本。孩子们看图摆棋形，他就在旁边，把日文的解说部分翻译出来。

因为老三进步神速，这位父亲还带着老三去过公园里的小棋社，结交当时的围棋高手。此举只是希望孩子能提高棋力，当时还看不到孩子的未来。那时，中国并没有职业棋手，围棋又被儒家视为"雕虫小技"，只好过"饱食终日，无所用心"，风雅而无用。中国人的正事是"学成文武艺，货与帝王家"。他为什么让孩子学这无用之事？孩子没有来得及问他，他却很快吐血病倒了，33岁就去世了。

去世的三天前，他把三兄弟叫到病床前，把练字用的字帖交给了老大，把小说给了老二，交给老三的是棋子。这就算是他给孩子们的遗嘱。此后，老大吴浣做了官。因为当时中国人做官，文才武略都不重要，首先必须有一笔好字；老二吴炎成为大学教授、文学家；而老三吴清源，12岁在棋坛崭露头角，13岁横扫中国棋坛，15岁赴日后，在十番棋擂台击败了当时日本所有超一流高手，被称为"昭和棋圣""古今第一人"。可以说，没有这位父亲，就没有吴清源。

中国家教史上，向来少有父亲的身影出现。择邻处的是孟母，刺字的是岳母，画荻教子的是欧阳修的母亲，给塾师双倍束脩的是胡适的母亲。虽然《三字经》也说"养不教，父之过"，但我们还有一句"相夫教子"，意味着教育孩子是女人家的事。

自然，男人都想求得功名，醒掌天下权，醉卧美人膝，何等况味。但大部分人注定平庸。平庸者该如何度过一生？是打打麻将，闲游一下，只关心自我娱乐？还是像吴清源的父亲一样，甘心自己一事无成，把尽量多的时间和精力用于培养孩子？或许这是值得每位父亲考量的问题。

不要到中年之后，才发出类似于朱自清之忏悔："我是个彻头彻尾自私的人，做丈夫已是勉强，做父亲更是不成。自然，'子孙崇拜'，'儿童本位'的哲理或伦理，我也有些知道；既做着父亲，闭了眼抹杀孩子们的权利，知道是不行的。可惜这只是理论，实际上我是仍旧按照古老的传统，在野蛮地对付着，和普通的父亲一样。"其实，吴清源的父亲也就是个普通的父亲，他的名字叫吴毅。

如果说吴毅只是一个平庸的父亲，那么存在于数亿中国人心灵深处的伟人，其实一样重视孩子的教养，鲁迅即为一例。

周海婴出生于 1929 年 9 月，他说："我的出生是一个意外。母亲告诉我，当时他们觉得生存环境非常危险、恶劣，朝不保夕，有个孩子是拖累。但是后来他们避孕失败，我就意外降临了。"许广平一度难产。当医生问鲁迅是留大人还是留孩子时，鲁迅不假思索地说："留大人。"幸而母子平安。

许广平母子出院回家后，夫妇二人准备给孩子洗澡。鲁迅特别小心，他把开水晾到他认为合适的温度，由许广平托着孩子，鲁迅自己动手洗。二人都没有经验，水是温的，风一吹，孩子冻得面色发青，直发抖。两个大人也狼狈不堪，只好草草了事。结果孩子着了凉，发烧感冒，只能上医院。之后，他们只好请护士来给孩子洗澡，护士提议他们也来学习一下，二人却再也不敢自己动手。

周海婴的名字是鲁迅取的："先取一个名字'海婴'吧！'海婴'，上海生的孩子，他长大了，愿意用也可以，不愿意用再改再换都可以。"周海婴淘气时，鲁迅会用报纸卷起来打他两下。鲁迅在给母亲的信中曾经说，他打起来声音响，却不痛的。鲁迅留在周海婴脑海中的印象，是个一直趴在书桌前写作的长者："他早上醒得比较晚，因此我每天早上起来都是蹑手蹑脚的，大家都让我别吵爸爸。这次濮存昕主演的电影《鲁迅传》里，有一个镜头就是小海婴给鲁迅装烟，当时我就是这么做的，因为我觉得孩子应该孝顺父亲，装支烟也是孝顺。"

鲁迅和朋友谈及儿子:"有一次,他严厉地责问道,'爸爸!你为什么晚上不睡,白天困觉!'又有一次,他跑来问我,'爸爸,你几时死?'意思是我死了之后,所有的书都可以归他。到了最不满意的时候,他就批评我,'这种爸爸,什么爸爸!'我倒真没有办法对付他。"

有一次,周海婴竟然问鲁迅:"爸爸可不可以吃啊?"鲁迅无奈道:"要吃是可以的,自然是不吃的好!"

鲁迅自己说:"生今之世,而多孩子,诚为累赘之事,然生产之费,问题尚轻,大者乃在将来之教育,国无常经,个人更无所措手,我本以绝后顾之忧为目的,而偶失注意,遂有婴儿,念其将来,亦常惆怅,然而事已如此,亦无奈何。长吉诗云,已生须已养,荷担出门去。只得加倍服务,为孺子牛耳,尚何言哉。"他又说:"我为这孩子颇忙,如果对父母能够这样,就可上二十五孝了吧。"鲁迅也会每晚给孩子讲故事,讲狗熊如何生活、萝卜如何长大等。并且,鲁迅觉得讲故事颇为费去不少工夫耳,他的心情,我全理解。一时间,我与伟人起了"同情"之感。

人到中年,不少成人觉得在世界上混了半辈子,可以当根"老油条"了,日子就过得轻浮起来。但有了孩子,就得"念其未来",想法和做法便不大一样。就像鲁迅所说"只得加倍服务",而这还不完全是指工作。

举个例子,有一段时间我家门口修地铁,路很不好走,一下雨就积水。虽然那天我的孩子不在家,但我想,其他小朋友放学怎么办?为了不让过往的孩子们蹚水,我便出门,在那条爱积水的路上,辛辛苦苦地摆放了一些砖头。

不料来了一个推婴儿车的老太太,我发现原来铺上砖头后,婴儿车就不好过了,但撤了砖头,老太太又不好过去。于是,我毅然而然地过去帮忙老太太抱起婴儿。我领头抱着婴儿,老太太拎着车,一步一个砖头,顺利地过去了。

不是我大爱无疆,而是"老吾老,以及人之老;幼吾幼,以及人之幼"。

想想鲁迅先生,在海婴出生后,他写的许多文章也有同样的悲悯呀。

如果不为孩子付出,又如何得到孩子的爱

朋友向我倾诉,她的丈夫自私冷淡,连孩子都不爱,陪孩子玩一会儿就嫌烦。她的结论是,丈夫不需要爱,他只需要他的工作。我在想,这是真的吗?父母不爱孩子,孩子一定也不爱父母。如果父母没给孩子喂奶、洗澡、送孩子去幼儿园,孩子自然对父母不会有深且长的依恋。而当孩子年幼时,孩子的不爱,已经是令父母痛

楚的拒绝。当孩子渐渐长大后,他的不爱更会让父母心烦意乱。对很多男人来说,可能问题就在这里。

很多男人并不知道,他们如果不付出爱,也就得不到孩子的爱——这是他们一生中从未有过的体验。在这之前,他们一直被爱包围着,而这仅仅是因为他们扮演着"孙子""儿子""丈夫"的角色,长辈、妻子会自然而然地爱他们。这些角色意味着他们可以什么都不做,只要有这个身份就可以获得无条件的爱了。

所以,男人最开始面对这个会哭、会叫、不认识他的婴儿,他们会很烦。好吃懒做是人类的天性,中国家庭对男人不做家务较为宽容,有时候一懒就懒过去了。即使他们在心里是爱孩子的,但他们真的不想给孩子换尿布。

父亲没有和孩子朝夕相处,孩子对父亲的态度自然也不如对母亲。他们错过了最开始的绝佳机会,每一次靠近孩子,想陪伴孩子的时候,得到的都是孩子或多或少的拒绝。有时候,家里没有其他家人可以依靠时,孩子不得不找父亲,父亲心不在焉地陪着孩子,一会儿玩手机,一会儿打电话。孩子是可以看出来亲爸的心并不在自己身上的。

错过,就是从这一点一滴开始的。

可是,人都是会老的,当父母已经不在世,妻子也没有再包容他的精力时,男人这才意识到,一个人晚年最深的爱,就是来自儿女。他们开始张皇失措,但已经太晚了。他们想补偿、想陪伴孩子时，孩子即使理智上要、情感上要，潜意识里却是不要的。他们这一生多半没有机会重新与孩子建立信任和紧密联系了。

有些男人，会有暮年再要一个孩子的想法。我见过其中有些男人神奇地变成了好父亲，我想他们大概是懂了吧。

作为父亲，你非得全心地去爱你的孩子，非得挨过一段黑暗日子，才能得到孩子的爱。

爱不是孝顺，不是尊敬。

爱是原谅，是懂得，是愿意与你抱满怀，是希望自己留在孩子的心里。

所以，我鼓励所有父亲都参与于育儿——不是为了家庭责任，不是为了分担妻子的重担，而是为了你们自己。

既然打游戏也要"氪肝"，那么想得到孩子的爱，首先必须去爱孩子。

而爱，是个动词，是抱，是喂奶，是擦屁股，是哄睡，是拍嗝。

爱不在脑子里，不在心上，更不在嘴上，而在我们的双手中。

不信的话，可以去问问自己，你爱你的父亲吗？

孝顺他或许是你的责任，但你爱他吗？

如果你爱，为什么？

如果你不爱，又为什么？

多多鼓励爸爸参与育儿，共同分担家庭责任

朋友问我："为什么大家都觉得母亲最重要？我经常看到强势母亲的坏处，为什么没人说强势父亲的坏处？"

我想了很久，回答她："儿女也经常抱怨没有得到过母亲的爱之类？"我想了很久，觉得答案是在中国传统文化里，默认父亲是"恶"的。强势、自私、冷漠……都是父亲的"应有之义"，就不用另外讨论了。"宁跟讨饭的娘，不跟做官的爹。""有了后妈，就有后爹。"这一切都直接指向"父亲在家庭里是冷漠的、无用的，是不关心子女的"。看近代人的回忆录，父亲远游在外、仕宦在外，三妻四妾都是很常出现的描述。总之，人们已经完全认为父亲要么是"不在场"，要么是"恶"的。而看今人回忆录，看他们描述小时候如何挨打，场面简直触目惊心。傅雷多次暴打傅聪、郭小川会对儿女拳打脚踢，王朔说他父亲打他一直到打不动……

那么，如果一个家庭里，父亲的冷漠、蛮暴、无爱、自私已是定量，相对而言，母亲是否温柔讲理还有可能是个变量。父亲的坏，就像天要下雨，你不能改变也无法左右。而你是否会淋湿，当然取决于"母亲是不是你的保护伞"。这已经是很可怕的一件事了，然而更可怕的是，在很多这样的家庭长大的孩子，他们往往控诉的、指责的都是母亲："为什么父亲打我的时候，你没有保护我？"

第四章　他是孩子的爸爸

为什么他们不去指责控诉父亲："你为什么要打我？"因为连他们也接受了这种观点，认为父亲的坏是天经地义的。

我完全不否认有好父亲的存在，我只是提出我的一些想法，分析我看到的一些现象。而如果我们不改变这种"父亲的恶是天经地义"的想法，那么中国的婚姻家庭关系很难进步。

在全社会的眼里，带孩子的人都是母亲，而父亲是可以不存在的，是"恶"的。这种观念本身就是不对的。大家都是人，凭什么父亲就可以不存在，就可以被默认为"恶"呢？为什么不鼓励父亲多参与育儿，多温柔育儿呢？因此，更加要让父亲来带孩子，以消除这一偏见。

有一个网友给我发来这样的私信。

> 我产后42天带着宝宝去做检查。医院人很多，且科室在不同楼层，所以我和老公兵分两路，我自己去产科，他带着宝宝去儿科。但很快老公就叫我过去，原因是医生有话要交代给妈妈。我就很奇怪，育儿注意事项交代给爸爸不也一样吗？
>
> 到了儿科医生那里，这位男医生问我："在家是谁照顾宝宝比较多？"
>
> 我说："是爸爸。"
>
> 医生就有点儿惊讶，然后对我说："以后你当妈妈的，要多照顾小孩，爸爸是要上班的。"

我就说:"我也要上班啊。"

医生被我回得没话说,就叫我过去坐着听他的医嘱,又特意喊了我老公一下,说:"既然爸爸要照顾孩子,那也得来听一听。"

这件事看起来有点儿鸡毛蒜皮,主要是这位儿科医生一直强调"应该由妈妈照顾孩子",让我觉得很不对劲儿。为什么照顾孩子是妈妈的天职,爸爸却可以被摒除在外呢?宝宝明明是两个人的,两个人的照顾义务应该是相等的。可能这个医生见多了甩手掌柜式的爸爸,或者觉得爸爸对照顾孩子没那么上心。

我觉得首先不要批评医生。虽然这是偏见,但偏见往往来自生活。医生为何有这样的偏见呢?因为儿科医生一天至少见上百个孩子,且大都是由妈妈、奶奶、外婆带去的,他一天能见到一次爸爸带孩子看病的情况都不错了。虽然我自己带小孩去医院的次数不多,但基本上也是这样的情形。爸爸在医院的出现率通常在1%到5%之间。

其次,我们应该相信绝大多数男人在工作,在勤勤恳恳地为家庭奉献,但也确实有少部分男人很懒惰,在玩手机,在和朋友娱乐。这种"懒癌型"男人在孩子不舒服的时候,还能稳如泰山,坐着玩游戏。在家人最需要他的时候,他只觉得嫌弃厌烦,这种男人

第四章　他是孩子的爸爸

本质上是不爱家人的。

老婆,别人有,他也得有,这是他魅力及社会地位的证明。

孩子,反正妻子生养一切全包,别妨碍他玩游戏就行——生孩子是他身体健康的证明,将来还能让孩子赡养他。

但爱是什么?这种男人会嫌"孩子降低了他的生活质量",他觉得四海八荒之内,只有他最值得活得滋润。

中国家庭里的"癌症",不是外遇,不是婆媳矛盾,而是男人的懒惰。那么,理想男人又该是什么模样呢?

我的女友敏慧说:"女人一生中最羞耻的时刻,就是到了万不得已的时候,必须差遣丈夫做事。"平时她的丈夫不是懒得干,就是不想干,所以敏慧从一开始就做好了被拒绝、被刁难、接受恶言恶语的准备。她的丈夫如果实在躲不过,他就故意往坏里干——抹桌子抹得满桌污,还"不小心"碰翻油瓶;接孩子又把孩子落在地铁站。他还有的是说辞,经典"名言"是"我不给人添麻烦,你也别给我添麻烦"或者"别烦我"。总之就是要让敏慧觉得让他做事太难了,敏慧要低声下气,要忍受冷脸,要一千次忍住灭了他的念头,要费尽唇舌……最后她已被训练得足够强大,所有的事都可以自己做。于是,丈夫又可以舒舒服服地玩手机了。

我什么也没说,敏慧就已经看出我想说什么了,她轻声道:"我们有房贷,还有孩子。"有任何方式改变这个男人吗?完全没有。要比懒吗?她丈夫可以在垃圾堆里睡一个月而若无其事,但他若生了虱子，一定会传染给敏慧与小孩的。不给丈夫做饭吗？他会自己打电话叫外卖，愉快地吃完后，留一堆垃圾给她清理。这些细枝末节，让敏慧更加走投无路，到底该怎么办？

我对敏慧说："你一定要让丈夫做，做到这些家务事'内化'，做到他习惯，做到他从中发现劳动的乐趣，做到让他明白'小事不做、何谈大事'的道理，这是他和孩子共同成长的机会。否则，他始终会是个懒惰的父亲，是家里的粗大废物。现在他是你的负担，老了他就是孩子的负担。"

如果说男人"至死是少年"，那他就必须接受家人的管教与约束。"男人不适合做家务"是一个假命题。我有一个朋友，做残疾人培智与康复工作，他们机构的理念就是让残疾人能够生活自理。经过实践，他们发现，只要智商超过70的残疾人，都能学会做基本家务。而以她丈夫的智商，他什么做不了？

我还有一个故事。老太太病了，每天要打针。家里只剩下老先生一个人，他一辈子没做过家务，现在居然要自己做饭。老先生一肚子意见，骂骂咧咧，觉得自己有儿有女，还是白搭。儿女也有儿女的事情，不可能全天候地伺候他老人家。儿女忍不住和老父亲谈心，老父亲说："我也不是不心疼你妈，但是吧，我就是闹心。"闹心和委屈都是同一种情绪，都是向亲人闹脾气、撒娇。但撒娇这件事，三岁的人撒娇是可爱，30岁的人撒娇是可笑，60岁的人撒娇就是可怕了。30岁的他还长不大，那么60岁的他必是祸患。

第四章 他是孩子的爸爸

"传统男人是不做家务的""中国向来男主外，女主内"……我认为这类想法也是误解。我小时候，家里要买蜂窝煤，一板车一板车地往回拉。这种家务，但凡稍微正常的家庭，都是由男人完成。然后呢，买几百上千斤的大白菜，不更需要男人完成吗？后来改成烧煤气，把煤气罐搬回家这事儿，总是男人的活吧？更不用说，以前在东北，家家都要挖地窖囤红薯。这些无一例外是男人的活。我这还是城里的生活经验，农村生活更加如此，劈柴、打井、挑水、盖房……哪样不是男人干的？在这种基础下，男人只是不干"做饭扫地"这种轻家务活而已，但有的是体力劳动让他承担。

正常现代家庭中已经几乎没有什么重体力的家务活需要男人做了——维修水电暖，可以叫物业；买菜，外卖小哥送到家。所以，如果男人不参与轻家务，就真的什么也不用做了，而这恰恰是万万不行的。懒惰是万恶之源。人一懒，就生事。为什么好多男人会身陷黄赌毒？都是因为闲的。有些男人在家双手插在裤兜里，游手好闲，当一身精力无从释放时，可不就释放到不该去的地方了！

所以，当你还年轻时，尽量挑选那爱孩子、勤快善良的男人。这种男人是客观存在的。

小年还不到一岁的时候，我天天用婴儿车推着她满世界逛。有一天稍微逛出了熟悉的生活区，前面有个过街天桥，我就推着车上去了。到桥上，我傻眼了。另一边没有斜坡只有台阶。下去之后，有条远远的路可以让我绕回家，但问题是我怎么下去？

我无法把小年连着婴儿车一道抱下去。我思考了一下，可以先把小年抱下去，但然后呢？她还不会站，我难道把她放在地上，回头来拿婴儿车吗？先抱婴儿车也一样，我也不能把小年搁天桥上呀。我站在那里发呆，深刻地意识到何谓无助。身边一个小伙子匆匆跑过，我还没来得及开口喊。他已经下了一半楼梯，突然，他站住了。他回头看我一眼，问我："你是要下去吗？"我赶紧点头，说："是的，先生，请您……"没等我说完，他已经三步两步冲上来："你把小孩抱起来。"我把小年抱在怀里，他端起婴儿车，几步就冲了下去，在台阶下等。我抱着小年，一步一步地下台阶。他不耐烦了，对我说："你自己可以吧？我赶时间。"看我点了头，他就大步流星地走远了，他应该是真有事，跑得很快。

很多年了，我一直跟小年讲这个叔叔的故事。我想让她知道，如果将来恋爱结婚，一定要找像这个叔叔一样的男人。

小年上小学的时候，我每周五都去学校接她，之后一起乘地铁回家。学校已经考虑过学生放学对周围交通的压力，所以错峰放学，一次三个年级。但三个年级也有 1 500 个学生，还要加上 1 500 个家长，其中很多还是爷爷奶奶。老的老、小的小，学生和家长浩浩荡荡过马路的场景，和蝗虫过境一样。

搭地铁的学生不多，只有 300 多人，但当 300 人同时涌入一班地铁时，那场面仍然是很壮观的。地铁进站，小孩大团大团地冲上去，有座位就坐，没座位就在车厢里靠箱子站着。孩子们有的跪在地上，拿地铁座位当写字板开始写作业，有的开始背单词听英语。

孩子们不是有意要打扰别人，而是他们确实没意识到别人的存在。大人会有当其他人经过时要让路的概念，小孩是没有的，你从他身边硬挤过去，他都不知道。我没有见过新闻里那么跋扈的家长，强行让别人让座。恰恰相反，我遇到的家长都很客气，为小孩的没礼貌向其他人点头哈腰。小同学们要挤着坐，家长们就在旁边站成一圈。有老爷爷住得远，就自己扛着小马扎坐。遇到年轻人给他们让座，他们都拒绝："我正好锻炼。"然后会强行把年轻人按回座位。

这样的事多了，再上地铁，我便发现有年轻的小哥哥，一看到大批小孩冲上来，就默默地背着包起身走了，什么也不说，不看任何人，就像要下车一样，其实他们没有下车，他们是走到隔壁车厢站着。小哥哥们不说漂亮话，只是用行动表示，他们不是与老人小孩争座位的人，唯有如此，那些老者才肯安然坐下来。

总之，他们就是我心目中男人该有的样子，大概就是，扶老携幼、怜老惜贫；双手很强壮，照顾妇孺；双腿很有力，为需要的人奔走。

果断离开家暴男、赌博男

2000 年 4 月,美国旧金山湾区,一个七周大的婴儿在家中停止了呼吸。他的父母说孩子一直有健康问题,自出生以来,已经 15 次进出医院,包括两次住院,病因是骨折,大便带血。医生从 X 光片上发现孩子多处肋骨骨折。这么小的孩子,几乎不会意外受伤,肋骨骨折只会来自挤压性损伤。医生又发现,婴儿三岁的姐姐,也有过几次骨折。父母都是大个子,母亲是橄榄球队的中后卫,父亲大概有 110 公斤。医生怀疑是孩子与父母同床睡觉,家长无意识地挤压导致。

儿科医生问他们是谁陪婴儿睡觉,父亲是上夜班的保安,白天妻子不在家的时候,都是他陪孩子睡觉。而且每次婴儿生病,几乎都是在父亲带孩子之后。医生问这位父亲,婴儿去世时是怎样的情况。他答:"我正打算睡觉,当我听到孩子的声音时,我不知道该怎么说,就好像他身体里面的东西终于被挤了出来。你知道,那是他的最后一口气,这可吓到我了。"医生认为这是一桩虐童案,但婴儿已经被火化,他们没有证据。同时,地区检察官对这对父母表示同情,认为这可能是他们在养育孩子过程中的疏忽,而非故意为之。

几个月过去,这位母亲再次怀孕了,一切又重新开始。很快,医生在新生儿病房见到了这位母亲和她的新婴儿——孩子三周大，肝脏撕裂。

至此，真相大白。原来这位父亲下了夜班之后很困，只想睡觉，一听到婴儿哭就很烦，会把手臂压在婴儿身上并且用力挤压。他认为只要他挤压的时间足够长、力度足够大，婴儿就会停止哭泣。事实上也确实如此，因为婴儿窒息了。孩子肋骨是这样断的，大便带血也是因为过度挤压，导致直肠被挤出体外。

最后，这位父亲因虐待儿童罪入狱，被判了至少21年的有期徒刑。他们幸存的两个孩子被儿童保护机构送人抚养了。这位母亲再婚，并且怀孕生子，现在她的新生儿很健康，没有再受过伤。

所以，有一种观点是，做父母要持证上岗。事实上，当中国刚刚有"师范学校"的时候，一些老先生看不过眼，说："师何以还须受教，如此看来，还该有父范学堂了！"那当然了。鲁迅说："这位老先生，便以为父的资格，只要能生。能生这件事，自然便会，何须受教呢。却不知中国现在，正须父范学堂；这位先生便须编入初等第一年级。"殊不知《三字经》开篇就说："养不教、父之过。"一个父亲必须要教育孩子，而在教育之前，父亲自己也要先受教育。可是有些人是教不出来的，怎么办？

当遇到错的人，要么将精力和时间投入自我成长上；要么赶紧离开他，及时止损。

我收到网友的私信："我老公之前在我怀孕的时候，背着我跟不同的女人聊天。我坐月子的时候又发现他用另一个小号到处拈花惹草。我当时觉得孩子很小，没有离婚，他也说要痛改前非。现在孩子两岁多了，但这些事就是我心中的一根刺，时不时想起来就会很恶心。我对他没有了信任，一直怀疑他还在跟别人乱聊。而且我们现在的婚姻生活特别单调，我们之间也没什么共同语言，生活没意思，我也很不快乐。

"而且，他之前答应我不再抽烟，但最近我发现他车上有烟，他才摊牌说他一天在单位要抽五六根，但是在家不抽。我很失望，觉得他又骗了我。可是他也没有要戒烟的意思，还说抽烟是交友媒介。我觉得为这个离婚也没必要，但是我又特别不开心。我和他吵架、不开心时就会想起这件事，我越来越不信任他了。婚姻里没有了信任，还能在一起吗？"

我的回应是，百分百的信任是不存在的，即使是父母与子女之间。现在丈夫的话你不信，10年后，当孩子告诉你"我没有玩游戏"时，你依然不会相信。既然已经这样了，那就算了吧，不必惊醒睡着的狗。让自己忙起来吧，好好上班，好好带孩子，多余的时间可以去跳舞、健身、学英语，把更多的精力投资在自我成长上。

如果你的男人家暴、赌博或者吸毒，在这样的婚姻中，不管你多么放不下，都请你想一想，你的孩子需要这样的父亲吗？我还要说一个残酷的事实，大部分受家暴的女性，在家里也得不到儿女的尊敬和原谅，儿女甚至会比厌恶父亲更深地厌恶被家暴的母亲。我第一次知道的时候，五内为之震动，十分不解。难道说儿女也会依附强者，看不起弱者吗？难道儿女不会保护自己的母亲吗？

后来接触多了，我才知道这是因为在最开始，母亲并没有保护好自己的儿女——会打老婆的男人，绝大多数也不是温和的父亲。他们打老婆，自然也会打骂儿女。对孩子而言，家暴往往是儿时的家常便饭。孩子挨打受骂的时候，只能看向母亲。但是受过家暴的母亲会保护他们吗？不会。因为母亲害怕自己成为男人下一个泄怒对象，小心翼翼地不敢触怒他。于是，她眼睁睁看着孩子挨打受骂。所以，孩子如何爱她尊重她？

作为母亲，她不敢保护自己的孩子，不敢与丈夫对打，不敢带孩子们离开，什么都不敢做。不管她怎么对孩子们表达："我是为了你们，才不离开家暴我的男人。"孩子们理性上也许能接受，但心里总有一个声音："你在说谎。"

母亲说的可能是真的，她可能无力养活孩子，所以不能带孩子离开。她是血肉之躯，确实怕男人的拳脚。但如果30岁的女人怕，那么三岁的小孩怕不怕呢？完全无力自保、无力离开的小孩，又该怎么办呢？

而且孩子们很快会发现，如果他们得到了父亲的欢心或者喜爱，暴力就不会落在自己头上。但讨好母亲则毫无用处，因为无论母亲是否喜欢自己，她都不会在自己遭受暴力时保护自己。那么，如果你是孩子，会怎么选择呢？

已经长大成人的孩子，会出于人道主义怜悯母亲，他们保护母亲是以人保护人的立场。但未成年的孩子对母亲，心里往往会有一个疑问："妈妈，你是怎么对待我们的？在我们需要保护的时候，你在做什么？"

　　其实，你是可以离开的。

　　真的，相信我。

　　别总想"孩子需要一个完整的家"——家应该是遮风挡雨的地方，而不是暴风雨的中心。暴风雨的中心破碎了，对孩子来说，只是少了些风雨。

第五章

爷爷奶奶与外公外婆带大的孩子

老人是年轻父母带娃的"神助攻"

祖父母往往会成为带娃"神助攻",就我自己所在的这个小区,有将近一半是爷爷奶奶帮忙带孙子的。其中一例是夫妻离婚后,孩子归男方,由爷爷奶奶带。另一例是孩子早年丧母后继母带,后来又交给继祖母带。还有一例是孩子的祖父母已逝,丈夫是残疾人,妻子是农村人,孩子全靠大爷爷姑奶奶帮忙带。其他就是一般的爷爷奶奶带孩子,帮着做饭和干家务。当然了,外公外婆帮忙带小孩的,也有近一半。

70后这一代,独生子女比较少,基本都有兄弟姐妹。所以在我们的父母中,有许多人既是爷爷奶奶,又是外公外婆。我看到大部分老人带孩子时,都会一视同仁。无论是孙子孙女,还是外孙儿女，都是尽心尽力，抱了一个又一个。

不少家庭的经典时间表是这样的，早起，妈妈给孩子梳头洗脸，奶奶做饭，爸爸送去上学；晚上，爷爷去接孩子，带着孩子在院子里玩会儿；妈妈下班后，监督孩子做作业，讲解辅导；奶奶做饭；爸爸争取在孩子入睡前回家，和孩子亲热一会儿。

我有一位邻居，我叫她"筝阿姨"。她有一对双胞胎女儿。两个女儿除了长得像以外，个性完全不同，身材亦迥异。

这两个女儿一个婚姻很顺利，孩子已经读大学了；另一个女儿嫁了两次，有两个孩子。这三个孩子不在一个城市，年龄也形成了等差数列，分别上幼儿园、小学、中学。老两口为了方便照顾两组孩子，长年分居两地，一个带大女儿的孩子，另一个就带小女儿的孩子。小女儿的大姑娘跟前女婿生活，他们经常做些食物送过去，陪孩子玩儿。按照筝阿姨的说法，他们只为"给一些家家（武汉话中的外婆）的温暖"。不仅如此，筝阿姨和丈夫两人还会换岗，因为随着孩子们年级和学校的改变，需求还不一样。一茬茬的叛逆期从不间断，从"恐怖的两岁"到"中二病"，花样不断翻新。

现在上大学的大外孙就是筝阿姨的"心腹之患"。这个大外孙不仅不听外公的话，连父母的话都不听，相对来说，还算听外婆的话。大外孙好不容易考上了本地的大学，但他嫌宿舍住着不舒服，又回到家里住。因此，筝阿姨还要给外孙做饭，送上"家家的温暖"。等阿姨偶尔和老邻居们聊天,抱怨自己查出来了胃癌早期。没聊几句,等阿姨一看手机,时间到了,她马上要赶回去给大外孙做中饭了。果然如非洲谚语所言:"养育孩子,要举全村之力。"

留守儿童也可以很优秀

小年四岁开始学钢琴,我在家附近给她找了一个钢琴老师。有一次,我们从超市出来,看到一块牌子上画着箭头,写着"钢琴培训",我们就进去了。教室在一栋单位宿舍的一楼,一个私人老师带着几个住在附近的孩子一起练琴。

钢琴班里有一个和小年差不多年龄的小女孩,在我们前一节上课。有时候我们上完课,她还在旁边的一间琴房里练琴。因为年纪相仿,小年就想找她玩儿。小女孩看看我们,并不搭理。她奶奶在旁解释:"她不太听得懂你们说话。"我纳闷这个小女孩看上去就是个中国孩子呀,不是混血。奶奶也操一口爽脆的北方口音。几次过后,小女孩就和小年对答如流了,但口音始终不太像奶奶。

我渐渐和那位奶奶聊起来,才知道这是一个千里漂萍的故事。小女孩的爷爷奶奶都是河北人,爷爷在改革开放后,发奋图强,考上了社科院武汉分院的研究生。他先读书,此后在武汉就业,把老婆孩子都带过来了。

奶奶说:"刚来这里我真不适应,天气又热,吃得也不对味,但好在现在已经习惯了,这边的鱼真好吃。"

我随口说:"你们老家有什么吃食出名?"

奶奶想了想:"驴肉火烧。"奶奶转回之前的话题,说:"爷爷适应得差一些,还曾经考虑过退休后回乡去。不过我们能回哪儿去呀,老人都走了,家也没了,亲戚都不熟了。再说这边有山有水的,空气还好。"

这老两口儿只有一个儿子,儿子大学毕业后就去了广东云浮工作,并在当地结婚。他们老两口儿还去玩过,亲家热情地招待他们。亲家公还略能说一些普通话,可以与他们勉强交流,而亲家母一字不识,完全不能用普通话交流,只能对他们笑笑。后来儿子儿媳妇生了小孩,一直是亲家母带。一家人都觉得,孩子跟着文盲外婆长大,早教是个大问题,所以儿子建议,把孩子送到武汉来。但一方面,儿媳妇不舍得孩子;另一方面,儿媳妇要上班,无法放弃工作到武汉来。武汉这边,爷爷当时还没退休,也不能到广东去。现在,双方终于下定决心,在小孙女儿四岁、已经上过一年幼儿园的时候把她送到武汉。

小孙女儿刚到武汉,祖孙交流很费劲,都听不懂彼此说的话。过了一阵子,先是自家人能沟通了。又过了几个月,小女孩已经完全变成了"土著"。我心里的谜团也解开了,原来我们认识她的时候，正是她刚来武汉的时候，还处于言语不通的阶段。

小孩子的课，总是因为各种原因调来调去。后来，我们换到另一家机构练琴。过了一阵，又回到了最初的机构练琴。当时小年连钢琴四级还没考过，这个小女孩已经过了十级。她非常勤奋、非常努力，钢琴老师夸奖她一分钟也不浪费，墙上贴着小女孩的得奖证书。

我不免想到，一般来说，大家总觉得留守儿童凄凉无比。生活中确实有很多无奈。有时孩子父母要打拼，而老一辈又相对较闲；有时两边老人，其中一边家庭的经济条件、文化程度更利于孩子成长。那么，只要认真思考过、斟酌过，隔代养育也未必完全不可行。

对现代人来说，越来越难以回答一个问题：你是哪里人？比如小女孩，她会觉得她是哪里人呢？祖籍在河北，出生在广东，生长在湖北……她杂糅的口音，便是传说中的南腔北调。这也是一个一个小家庭在时代大潮里辗转迁徙的最佳见证。

我觉得，这可能是种幸事。至少她长大后不会挑食，更能适应全国各地的气候，甚至连出国都能适应得比别人快。

隔代养育会有一定的问题

之前，一位家长聊起正在读高中的女儿的情绪问题，说道：

"最近,班主任组织了一次班队活动,很不幸运的是,我女儿在活动中受了伤,还去了医院。结果,我女儿很自责,担心带给老师太多压力,担心老师因此睡不着觉。实际上,她受伤是因为景区工作人员没有做好防护措施,导致安全绳滑脱。虽然我女儿才是受害者,但她认为自己是个罪人。"

我一时警觉,问这家长:"你的女儿小时候是老人带的吗?"

家长说:"老人带得多。"

老人带大的孩子确实容易出现自责情绪。小年大概四五岁的时候,我带她每天晚上去附近的广场滑轮滑。小家伙玩得很开心,玩久了,就要去旁边的电影院借厕所。上厕所需要小孩上几级台阶,但小孩们很早就学过穿着轮滑鞋上台阶,下来的时候,可以顺着旁边的无障碍通道滑下来。小孩们都觉得这个过程很好玩儿,所以我一向都任由小年和小伙伴们一道去上厕所,从来不管。但是,有些爷爷奶奶就不一定做得到,他们一看到孙子孙女要上厕所,就要用尽全力把他们抱上去。首先,五六岁的孩子是很重的,胖一点儿的小孩有五六十斤重;其次,抱也是很费力气的。所以老先生老太太们一边抱一边批评孩子:"刚刚在家里为什么不上厕所,非要出来上?"或者是"爷爷奶奶对你这么好,你将来要怎么样对爷爷奶奶呀?"

有时候,小孩子自己也不愿意被抱上抱下,也希望自己能和其他小伙伴一道,几步上去再滑下来,所以孩子们在老人怀里拧来拧去,拳打脚踢。老先生老太太们忍受着,坚决不依,担心孩子会不会跌倒。跌倒了又如何？不是有头盔保护吗？

我作为旁观者，我觉得最大的风险是，如果老人们摔倒了，叫救护车都来不及。

每次看着他们祖慈孙孝，我都觉得中国的老一辈是最伟大的。他们年轻时自己带孩子，老了还得帮自己的孩子带孙子孙女。我虽然理解他们的付出，但是我并不认可隔代育儿。

第一，隔代育儿有时是过度的、毫无意义的付出。孩子并非残疾，是有胳膊有腿、活蹦乱跳的孩子。他们能上能下，而老人非得抱着才行。

第二，付出不是免费的。孩子上个厕所还要被批评或者是受感恩教育。有一天，有个老太太骂孙子，骂得很大声。其他孩子的家长都在旁边劝。事由是已经五六岁的孙子尿裤子了，老太太气得不行："你不会去上厕所，你不会说吗，你给我添了多少麻烦？"小孩哭得抽抽噎噎："我想憋着的，我没憋住。"我一看，这个小男孩就是天天被奶奶辛辛苦苦地抱去上厕所的胖小子之一。如果是我，为了上个厕所还要受到批评或者感恩教育，我大概也宁愿憋着了。在这种情况下，小孩连上个厕所这样的正常需求都必须压抑，是谁之过？

第三，隔代育儿对孩子的情商发育、身体语言理解与表达能力培养可能都不好。基本上，遇到情商不高的人，我就先问两个问题：孩子是父母亲自带的吗？孩子上过幼儿园吗？

人类学会理解他人是一个奇妙的过程。根据科学家们的观察，婴儿从三个月开始,渐渐意识到身边的人发出的声音与风声雨声不同,似乎是有些意义的。所以,当父母对婴儿说"宝宝,我好爱你"的时候,婴儿虽然听不懂,但婴儿会感觉到这一组声音似乎与自己有关。婴儿会认真地看父母的表情和肢体动作,父母的笑、深情的对望,以及拍着手表示要抱他。当婴儿确定了父母表达的是一种温暖美好的感情时,婴儿就会开心地笑起来,咿呀作声。在这一阶段,婴儿掌握了读取、辨识身体语言的能力。

婴儿也如此渐渐地学会了对话。婴儿发现,父母在发出一组声音后,会停一停,等自己发出"唔"或者"嗯"之后,父母才会继续发声。婴儿会为自己能操控父母而感到无比开心,意识到了自己的力量,同时也模糊地认识到了说话的规则,那就是自己说一句,其他人说一句。

但是,如果孩子和祖父母在一起,因为老一代表情与语言往往不是特别丰富,孩子在理解表达方面的发展就会受限。同时,学习身体语言的窗口期很短,一岁之后,孩子的口头语言能力爆发,这时,如果没有学会身体语言,以后就不大会学习了。

所以,跟老人长大的孩子,确实存在一些问题,比如情商低,没眼力见儿,不懂得阅读身体语言,胆子小,没规矩,语言能力差——这些是父母必须意识到的。

当然,并不是说如果老一代都通情达理,都是高级知识分子,父母就能放心地把孩子托给老人。父母还是要做育儿主力,老一代助攻就可以了。

哪怕是留守儿童，父母也要尽量保证每天的亲子对话时间，隔一段时间就要和孩子见面，比如寒暑假的相聚。

不能因为偷懒，让孩子染上一些坏习惯。

体谅老人的不易，常怀感恩之心

老习惯，先讲个故事。一个孩子出生才几天，奶奶便给孩子喂龙须酥，孩子晚上就拉肚子。孩子五个多月的时候，这位奶奶又给孩子喂馒头，差点儿出事。儿媳妇说了她，但十来天后，她故态复萌。儿媳妇无奈，只好辞职自己带孩子。白天奶奶不给孩子喂奶粉，孩子晚上饿得睡不着，要吃四五顿，儿媳妇晚上无法安睡。儿媳妇说，婆婆可能是故意的，她没有精力帮着带孩子，又怕被子女埋怨。

我必须承认，这位儿媳妇的推测是很有可能的，因为按照中国家庭的传统，家务都是女性的事。养育孩子和做家务劳动的，不是妈妈就是奶奶，再不然就是外婆。反正"枷锁"轮流转，总在女人肩上。同时呢，男性还被赋予了监工的权力——每个男人都有权指责妻子、母亲或女儿不做家务或做得不好。

在家务劳动这件事上，男人是"资产阶级"，女性是"劳动阶级"，劳资矛盾昭然若揭。这位婆婆就是在以消极怠工的方式罢工。而且，在男女的劳资关系上，从来不见女人联手罢工，逼得男人让步，都是女人与女人"互相伤害"。因此，隔代育儿的老人，总会有一些自己的负面情绪。

另外，一些社会学书籍中也提到为什么祖父母、外祖父母帮忙带孩子时，会宠溺孩子，还会出现祖父母、外祖父母与父母对着干的现象，其中原因很多。

首先，老人之所以会和儿女对着干，是因为老人渐渐会有一种权力丧失、不被爱的感觉。因此他们借由给孙辈无限的宠爱，来获得孙辈的肯定、爱与尊重。

其次，中国社会有一个独特之处，就是我们会把中青年当作一家之长，每一代都会出现权力易位。老人往往只是名义上的大家长，但真正当家做主的是中青年的儿女们，于是老人便处于"被管束者"的位置上，自然会产生叛逆情绪。并且，有些老人带孩子是不情愿的，会下意识在带娃过程中，发泄怨气，与儿女对着干。

再次，老人的育儿观念往往过时了，当儿女指出或者纠正错误时，会伤害老人的自尊，诱发老人产生自己"老了不中用"的恐惧。所以，老人为了维持权威，也会出现与儿女对着干的行为。

而且，溺爱孩子也是因为老人往往有很深的不安全感，尤其是那些有讨好型人格的老人（比如祖母、外婆），她们一生都本能地在讨好他人，所以会下意识讨地好孙辈。还有，如果老人长期在家

第五章　爷爷奶奶与外公外婆带大的孩子

庭生活中有心灵创伤，就像父母会在儿女身上疗愈自我一样，有时候祖父母、外祖父母也会通过孙辈进行自我疗愈。

所以呀，有一位或几位通情达理、没有心灵创伤、能够高高兴兴帮儿女带孙辈的老人，那真是"家有一老，如有一宝"。如果没有，为了你和孩子好，还是自己带孩子吧。

还有一个故事。一位女士因外遇离婚，但是她处理得很好，姿态并不难看。女士表示自己要净身出户，不要财产，只不过孩子要共同抚养。家里反应最激烈的，是她的前婆婆、她女儿的祖母。老人向众人诉说前儿媳的无情无义，一边痛惜孙女儿即将失去母亲，另一边又不断地对孙女儿说："你妈不要你了，奶奶要你。"才五六岁的孙女儿被奶奶刺激得六神无主、神经兮兮。在一个正常的家庭里，含饴弄孙本是一件美好的事儿，孙儿也会深挚地爱着祖父母。但现在，这位祖母的心血很可能马上落空，孙女儿很可能随时离开。她所有的付出都会被马上忘掉，但家务劳动都是实实在在的。在这种情况下，要这位祖母心甘情愿地带孙女儿是很难的，需要极高的品格和忍耐力。她忍不下来，她需求证孙女儿的爱，确定自己没养白眼狼。

旁人很不忍，劝阻老太太："你这样是真正地伤害孩子，真爱孩子，就不应该这样做。"老人带孙子辈，本来就是帮儿女们的忙，这不是他们的责任，他们也没有义务爱孙辈。话说回来，爱本来就是一桩自然而然的事，不能用义务去要求。

对任何人来说，带孩子确实是世上最辛苦的工作，不但要 24 小时操心费神、付出心力，往往还得不到任何回报。因此，带娃怎么能没有一丝怨气？这样一想，即使在正常的家庭里，怀有一肚子怨气的奶奶、姥姥也是屡见不鲜的。

面对这些帮忙带娃的老人，我认为最好的态度是，存一颗感恩之心。有一天，我妈妈的大学老同学打电话来抱怨，他都七十多岁了，还得每天开车接送孙子上下学。按交规老同学得每年体检一次。去年体检的时候，通过得就很勉强，今年更是不知道能否通过。

即使是这样，儿媳也颇有怨言，嫌老人宠坏了孩子。这位老同学说："老年人容易心软，小孩一要什么，没办法不给买。"除此之外，儿媳还不让老人和孩子说英语，觉得老人会带歪孩子的发音。一旦孩子成绩不稳定，儿媳又会说："爷爷奶奶太纵容孩子了，根本不管孩子的学习。"

这一段时间，儿媳又准备生二胎了，还是让孩子的爷爷奶奶带。老同学与老伴坚决拒绝，甚至发话："如果你们一定要生，我们就回去。"这一下，儿媳不干了。老先生说起来，只能苦笑。

家里的事，真是清官难断。老一代有老一代的无奈，年轻人有年轻人的不得已，每个人都只看到自己在迁就对方，很难看到对方也在迁就自己。最好的解决方法，就是彼此多站在对方的立场，理解对方的难处。

第六章

要不要生二胎三胎

给我的孩子生一个伴儿

我至今记得一位朋友曾经哭着对我说的一些话。前几年,她母亲还不到70岁就去世了。在这个年代,她的母亲并不算高寿,因为她母亲60岁出头便患上阿尔茨海默病,疾病影响了她的寿命。母亲去世后,朋友也陷入了空前的孤单。当她想与人谈谈母亲时,却发现完全没有人认识她童年记忆中的母亲。

朋友是独生女,没有兄弟姐妹。她父母离开家乡,来到这座城市工作生活,在当地没有什么亲戚。再加上母亲赶上了提前退休,四十多岁就退休了,所以与同事也没什么来往。她从小就是一家三口生活在一起。母亲发病后,一直是父亲在照顾母亲。长期照顾病人是项巨大的工程,所以父亲比母亲先走一步。之后,她只能把母亲送进养老院。所以，没有人认识她童年记忆中的母亲。

朋友有满心的话想说，但无人能懂。朋友和丈夫的感情是不错的，但结婚后没多久，她母亲就发病。朋友的丈夫虽然出钱出力，但她的母亲当时已经不能正常与人交流了。朋友有一个聪明可爱的女儿，但女儿也只是知道外婆生病了。

丧母之痛是巨大的，所有人都安慰她，照顾她。她的丈夫说："你想吃什么我给你买。"他还会提议："我们去旅游一下散散心吧。"朋友的女儿则是很害怕地抱着她哭："妈妈，我不要你死，你不能像外婆一样死。"她非常感谢他们的爱，但是，她就是想聊聊自己的母亲，吐槽一下母亲年轻时候的糊涂，怀念一下小时候母亲做的黑暗料理，笑一下，再痛快地哭一场。她知道丈夫愿意听，但他真的不懂。

终于有一天，她在我面前哭了出来。我说："你可以跟我说，我会试着懂。"她悲伤地摇头："不，你不懂。"她需要和渴望的是一个亲人，一个见过母亲、吃过母亲做过的饭、抱怨过母亲的亲人。

但人间的事，需要并不意味着拥有，渴望也不意味着得到，但痛苦可能永远都在，并且不会消失。只是时间可能让痛苦变得平滑些。

相信我，那次对话后是我一生中最想生二胎的时间，我很希望我的女儿在我去世后，能和一个人吐吐槽，聊聊天，说说："我妈这个神经病……"

我希望那个人是一个心智成熟的成年人,是爱着女儿也爱着我的人,是愿意陪伴与支撑女儿的人。

这个人可以是女儿的伴侣,也可以是她的孩子。我认真地想过,如果我的女儿 35 岁才要小孩的话,我真不一定能坚持到她的小孩成年。

那么,如果是她的弟弟或妹妹,是不是更好?

你的肚子谁做主?

有一年我出差,遇到一家独角兽公司的女中管,她正在为二胎烦恼。这位妈妈是城里孩子,也是家里的独生女。她父母都是老师,自己名校毕业,年薪五六十万。她的丈夫也是独生子,名校博士毕业,现在在大学里当老师。一家人十分和谐。她生产完,月子中心、育儿嫂、保姆都在出力,婆婆妈妈也都来帮忙。她上班背奶的时候,丈夫或者公公开车,婆婆或者亲妈把婴儿用篮子提给她。她的单位也很好,给产育女性提供了各种福利,育儿室一应俱全。

其乐融融里,有一个不和谐的声音——当所有人都希望她生二孩时,只有她自己不想生。在生二孩这件事中,她是那个唯一能行使否决权的人,但她就是没法否决。妈妈把宝宝的衣服都攒着,准备给二孩穿；婆婆不让她做任何家务，让她休养生息，准备二胎大业；丈夫在欢爱之际，喃喃地说："我们再生一个吧。"她忍不住了，吼了他。丈夫为此生气了吗？没有，他是读书人，不是粗人，而且跟她道歉，说自己太过心急。丈夫不断地哄着她，劝着她，赔着小心。她又于心不忍。大家都说："你们两个独生子女，太孤单了，多生几个孩子，是为你们自己好。"

就这样，即使周围人都在春风化雨、以情动人地劝生，女中管还是负隅顽抗。她向我和另一位女士询问解决办法。我们两人面面相觑。那位女士平时比较有女权意识，我于是就想等她先说，我附和就是。

结果那位女士只说："那不然……就生吧，反正有人帮你带。"

与我设想的不一样。既然连那位女士都妥协了，我更加不会有反对意见，随即满口附和："那就生吧。"

我完全能理解这位女中管的无奈，她是真的不想生，但她没有理由不生——因为她拥有这么和睦的家庭关系，所有人都在爱她关心她，有不生的理由吗？

于是，前两年，她生二孩了。

婚姻、家庭，往往是一个互相妥协的关系。

但生育这件事，妥协的一方却往往是那个要付出最多劳动的人。

幸福，有时候是要付出代价的。

老大也有表决权

这些年,我旁观朋友们和他们的父母子女的行为与反应,约略理解了一些父母生二孩或者催逼儿女结婚的心情——他们无非就是觉得人类太渺小,一个人的力量太薄弱,想为孩子找一个能够并肩作战的队友,或是兄弟姐妹,或是同床夫妻。在大难来临之时,有人能够与你共负重担。

然而理想和现实是有差距的。二孩这个决定,也要参考孩子的意见。首先,孩子可能会这么想,"弟妹只会是我的负担,怎么可能是我的盟友"。其次,有人觉得,婚姻是压迫,结婚就是自找苦吃。再次,世事难料,"共患难"是非常高的要求,找个好"队友"的前提是,你自己不能太稀烂。你饱食终日,无所用心,"队友"怎么可能给你当全职爹妈?反过来,你出生入死、百般辛苦,回头一看,队友还在玉体横陈玩游戏。凡此种种,都会成为日后矛盾的导火索。

我有个女友,她有个弟弟。有一天,她去培训班接闺女,站在外面等时,听到一个妈妈说现在不想打疫苗,因为打完后一年不能怀孕,老公还想让她生二胎呢。一群妈妈都劝她不要生,太累了。这位妈妈说:"我觉得还好,我女儿又乖又省心。"我的朋友脑子进水,抬头说:"既然孩子这么好,为什么要让她当姐姐?"周围顿时安静。她也觉得自己逾越了,想再解释,又觉得越解释越黑,就低下头刷手机了。

我自己有姐姐，多少有些不以为然，便说："我是觉得有兄弟姐妹也很好，我没有这么强的执念。"女友说："那是因为，你不是姐姐。"她接着说，"我下过决心，如果第一胎是女儿，就绝不再生。"是的，我不是姐姐，我自己就有两个姐姐。我的姐姐们很爱我，为我付出良多。我当然也爱她们，但很可能付出相对少很多。我很可能挤占过她们的资源，侵占了她们应该得到的爱。只是当时还小的我，没法知道。

人与人，即使在同一个时间和同一个空间中，有完全同样的生活环境，可能感受也是完全不一样的。

橘子总有大有小，有甜有酸，每一个都可能有不同的滋味。

每一个吃橘子的人，都没法坚决地说，我吃的橘子，一定很甜。

有可能你吃到的这一瓣是甜的，剩下的，全是酸的。

有没有弟弟妹妹，对老大的生活有很多影响，所以问问老大吧。

相亲相爱的兄弟姐妹

小年的好朋友烟烟，在一次考试中取得了惊人的好成绩。我想，这会不会与烟烟妈去年生了二孩有关。烟烟父母都是教育型的

第六章　要不要生二胎三胎

父母，在烟烟教育上很下功夫，给孩子报了许多培训班，每天紧盯着烟烟学习，烟烟的成绩也一直很好。

在烟烟五年级的时候，他们打算生二孩，对烟烟的管理自然就有些放松了。首先，因为人力有限，送烟烟去培训班的次数不断下降；其次，爸爸妈妈要忙老二，烟烟的学习只能自己负责；再次，其中有一段时间，烟烟的妈妈住在月子中心，由婆婆和亲妈轮流照顾，只有烟烟爸爸在月子中心与家之间来回。

而在这期间，烟烟的成绩却突飞猛进了。我是认识烟烟的，也很喜欢烟烟的个性，她活泼里带着点莽撞，有很旺盛的好奇心。烟烟平时经常穿卫衣夹克，从来不穿裙子，活蹦乱跳，像个小男生。并且，烟烟有着远大的理想——当人大代表。我当时听了大惊，十来岁的小孩子，如果不是对政治有所关注，那么一定连这个职务的存在都不知道。

烟烟弟弟到现在一岁多，烟烟的日子过得很开心——开心的原因不在于父母对她一如既往严加管教，而在于烟烟的自由度比原来大多了。学习上，她能自己掌握进度，一本一本地刷题；业余生活上，她参加了管弦乐队；社交上，她每天都会找小年玩儿，两个人每天游历城市的各个角落。有一次，我带小年及她的同学去博物馆参观，其他孩子都是家长送来的，烟烟自己坐公交车就来了。看完博物馆，大家陆续告辞，烟烟与小年还有说不完的话。最后我带着孩子们吃了饭，把烟烟送到了公交车站，看着烟烟上了车。独自坐公交车回家，其实是我们小时候的常规操作，现在孩子这么做的已经不多了。但我觉得，这种自我掌控时间、路线的做法，是很锻炼人的。父母不能天天像老母鸡带鸡娃一样呵护孩子，否则，孩子长大啥都不会，连回家的路都找不到。

我在想，父母对子女的爱，是否应该适可而止。当孩子到了青春期，自我开始成熟膨胀，此时会需要较大空间。而在这过程中，作为父母，应该随着孩子长大，慢慢打开父母与子女之间那层牢不可破的闭环，到孩子青春期接近成年的阶段，就应该做好将"闭环"变成"活结"的准备。二胎，有时候就成为一个自然的诱因，让父母在不知不觉中给孩子松了绑。

但是，有些父母还会担心老大的占有欲——本来是一个孩子拥有的父母，突然要和弟妹分享了。其实嫉妒、占有欲都是人类的本能，何况小孩。小学一年级的小朋友，突然发现自己班的数学老师同时还是别班的班主任，原来老师不是光喜欢我们一个班的。对有些孩子来说，这简直是晴天霹雳，有些孩子则无所谓。区别不在这里，区别在下一步：有些孩子生老师的气，觉得老师还喜欢别的班小朋友，所以故意不好好听课；有些孩子则会表现得更好，以此证明我们班比其他班更强，同时博得老师的喜欢；有些孩子想明白了，知道老师喜欢每一个学生是很正常的事情。这些天壤之别，受到家庭教育、小同学间的交流以及整个社会相关文化的影响。

在我小的时候，哥哥姐姐嫉妒弟弟妹妹的存在，是会被当作笑话讲的。这种笑话的背后包含了价值取向——父母是不能被儿女占有的，这不是应该嫉妒的事。但今天，大家都默认了一孩是有权利反对父母生育二孩的，而父母要做的就是让孩子相信，父母会爱每一个孩子。

嫉妒是天性，不妒是教化。

所以，如果父母教育得好，老大老二完全能够做快快乐乐的亲骨肉，当然，他们本来就是呀。

千万不要有重男轻女的旧思想

周围几例二孩妈妈，都是先生了姐姐，再生弟弟。等到弟弟一出生（也可能是自妈妈怀二孩起），姐姐最耗时间精力的艺术培训课程自然就停了，因为舞蹈要练功，打球要练球，钢琴也得盯着弹。起初，周末还有爷爷奶奶带着姐姐去上语数外的培训班，但渐渐地，姐姐们的成绩垮了下来，最后索性就不上了。

现在，很多姐姐都有少女心，都在玩 COSPLAY 或者"粉"汉服。这里面可能有父母的歉疚，因为父母给不了更多的关注和爱，给钱让她玩玩总是可以的。其中也有父母的深谋远虑，觉得人总得找事情做，小女孩玩玩换装游戏，就是把自己当作芭比娃娃，不仅开销有限，还比认识坏朋友、混江湖安全得多。这里当然也有父母的自我维护："谁说我偏心？我是因材施教，让每个孩子都快乐成长。"

而本质上，有些家庭生二胎，就是因为老人重男轻女，尤其是奶奶或外婆，一看到老大是女儿，就不断催生。有人问："为什么女人还会重男轻女？奶奶或外婆自己不也是女人吗？"

是的，就因为奶奶或外婆是女人，她们直接承接了全社会重男轻女的全部恶果。她们也许曾经因为生了女儿，受到过很多冷遇。为了女儿，每天不仅吃不饱，而且要干很多很多活，一天只能睡三四个小时。但作为母亲，她们还是深深地爱着女儿。也可能因为生了儿子，得到了一些微小的好处，比如较好的食物、周围人的笑脸。最重要的是，她被豁免了，她不用再生育了，她摆脱了孕育、分娩、喂奶这一切的束缚。

这一切扭曲了她的价值观。

这种时候，如果新妈妈能意识到催生背后的重男轻女，就一定要保证自己不成为帮凶。你可以坚持不生，也可以用各种方式说服老人。

也许，随着你的女儿慢慢长大，孩子会对着奶奶外婆笑了，孩子温暖的爱，能融化老一代心中的坚冰。

第七章

家中还有一个小孩,就是你自己

在带娃的过程中疗愈自我

再没有比生儿育女更能让人领悟何谓出来混总是要还的,这是一个悲伤老母亲的肺腑之言。我几乎每天都要听见"妈妈,我的裤子呢?""妈妈,我跟你说过不要动我房间,你一动,我的东西就不见了。""妈妈,你为什么看我QQ空间,你这是侵犯我隐私。"

这些"质问"声声在耳,其实这些话,许多年前,也曾是我的口头禅。时光旅行于此,一记一记地抽着我。我在等,一定还会有"我也没让你生我""你根本就不理解我""你那些想法早过时了"。听到这些话的我,像终于落网的贼,俯身无语。我承认一切罪孽,也甘受一切惩罚。我知道,新生的树就是要戳破天空的广阔,而被撕破的天空,总会哗哗地下起雨来。"不养儿不知父母恩"的另一个解释就是,父母将借由生儿育女完成自己的成长。

有的亲子关系就像《弗兰肯斯坦》中的情节。《弗兰肯斯坦》是玛丽·雪莱创作的一部幻想小说。起先,许多父母如弗兰肯斯坦那般,热衷于研究生命起源,满怀憧憬地以为能复制一个属于自己的人类。等到缔造出子女后,就对子女产生了种种失望:"你丑,你是怪物,你的吵闹令我烦躁,你向我索取爱与温柔,你贪得无厌,你拉低了我的生活质量。"于是,怪物逃离了弗兰肯斯坦,在世人的嫌弃厌恨中长大,一生不曾得到爱,这绝望的渴求终于化作强烈的恨。之后,这些缺失父母之爱的孩子成为父母后,他不能不爱孩子,因为这是他渴望得到的爱。但他又不能不嫉妒孩子,因为这是他不曾得到的爱。

在这种情况下,出现了一种教育理念,这种理念更关注于治疗家长的童年创伤,在教育孩子的过程中,完成家长的自我疗愈。我以前多少有些不以为然,觉得作为家长,你能不能专注于孩子,把视线从自己身上挪开?然而,当我断断续续地接触到了许多亲子问题后,看到了无数家长将自己的焦虑、恐惧、愤怒、童年之痛、婚姻之苦、职场之挫、人生之败都投射到孩子身上时,我渐渐懂得,这种教育理念是有意义的。

刚出生的孩子基本上都是良善的——除了有些孩子天生携带了反社会人格的基因,或者在胎儿期曾遭病毒感染。只要父母给孩子正常的养育,那么孩子多半会成长为一个拥有健全人格的人。但如果家长自己有问题,有时候连"正常的养育"都给予不了。

我曾经看到个帖子,是一个家长感慨孩子对他没有亲情。他的孩子上初二,每天晚上学习到11点半甚至更晚。他陪了五个晚上,难受得不得了,他一直希望孩子主动开口:"爸爸,你早点儿睡吧,不用陪我。"但孩子没有。于是他失望得不得了,甚至对着孩子声泪俱下,觉得孩子对他没有亲情。

这位父亲已经43岁了,孩子才13岁。父亲陪到11点半就受不了了,孩子却是实打实地学习到11点半。他在这里不辞辛苦地陪孩子学习,希望被孩子看到他的"付出"。父亲只看到了自己的难受,但孩子的苦痛、煎熬以及剩下的漫漫长夜,父亲看到了吗?孩子要这样拼到至少高三。

于是,这位父亲和孩子谈了三个小时的心,主题却是"如何提高学习效率"。徒劳无功,他又悲愤了。事实上,提高学习效率是很难的,并非动动嘴就能实现的。这位父亲没有考虑到问题的本质,没有追问孩子为何效率不高。是作业量确实如此,还是孩子的学习习惯不佳,抑或因为内心冲突?这都是要观察和分析的,而不是靠谈心得出来的。

为什么大部分家长会对孩子提出严苛又荒唐的要求呢?这估计得问家长本人,或许他也曾经收到过同样严苛又荒唐的要求吧。

不然的话,他怎么会这么需要孩子爱自己,几近失神落魄。

成年家长要接受"我可能有问题",该疗愈疗愈,该成长成长。

冤有头，债有主，了结旧账入新年。

你不做个利利索索的家长，怎么指望你的孩子能清清爽爽过一生？

你的人生经历就是孩子的成长模板

最近一个做人口普查工作的妹子热心地给我投稿，说有很多全职妈妈在人口普查表里的"职业"一栏填的是"料理家务"，收入是"家庭其他成员供养"。后来全职妈妈们觉得这样写不好看，就要求填上正规职业，他们普查的范围主要在村镇，于是就给这些全职妈妈填上了"鸡鸭饲养员""家庭卫生清洁员""蔬菜种植员"之类的职业。全职妈妈们，你将来打算对孩子这样描述你的职业吗？比如说，妈妈是婴幼儿抚养员或者家庭卫生清洁员。

有位朋友是媒体人，有一期杂志采访的是高学历全职妈妈。她做完采访向我哀号，受访者居然好多都是清华博士、藤校硕士、昔日的法官……但现在都去做全职妈妈了。并且某一线城市的高级小学，一个年级六个班中，竟然有一百多位高学历全职妈妈。最后她总结出了一个"厌女"的结论——提前申明，这是她说的，我对此概不负责。

"我要是富裕家庭,我也不想生女孩。这么费劲地把她培养出来,最后却给孩子当保姆。学了十多年钢琴,就为了将来小孩学钢琴的时候,能陪着一起练琴吗?海外留学,就为了给小孩英语启蒙吗?而且如果女儿长大后又成为全职妈妈,那不是浪费了两代人的教育资源?如果投资全职妈妈教育的是外公或者父亲,站他的角度上,他是否会冷酷地得出结论,认为女孩是赔钱货,没必要好好教育。看看她们,她们学到的知识、挣得的学位,对自己和社会,可曾起到了一丝一毫的作用?"

于是,这个问题就变成了,花一千万培养出来的全职妈妈,到底值不值?问题答案,恐怕得分组讨论。

1. 你是赚钱的那个人还是花钱的那个人。
2. 你是否还有其他生育的可能性。

千金买一笑也许值得,但是一千万"买"来的全职妈妈,也并不见得快乐。

所以,妈妈们,在你踏上全职路之前,一定要慎重。

有一对小两口儿,夫妻两人出身都不错,学历也过得去。他们年纪还小,赚得不多,工资每人每月五千左右。现在女孩怀了孕,双方家长都很开通,既不打算干涉也不打算亲力亲为。于是,娘家和婆家每月各给一万,还说:"将来你们爱住月子中心就去住,爱请月嫂就去请。"女孩一看这么多钱，乐了，心想不如自己全职吧。但父母公婆全不同意，女孩的亲妈说："我们都还没退休呢，你着急什么？"女孩说："你们辛苦，不就是为了让我们做孩子的快乐吗？"她婆婆（也是我的朋友——天呀，我多老了，老得朋友都当了准婆婆）当面不好对儿媳说什么，背后却对我斩钉截铁道："父母辛苦才不是为了让年轻人躺平！"她说："富不过三代，然而我们两家不过是薄有积蓄的中产阶级，如果安心地坐吃山空，小两口就能把家产花完。"

大家都是成年人，知道每个人都是微不足道的，我们的存在不是为了自己快乐，而是为了建设，为了开枝散叶，为了传承基因、文明和财富。想快乐，就不应该结婚生子。

我说："实在不行让儿媳当几年全职妈妈，再回去上班嘛。"

婆婆垂头丧气地说："开什么玩笑，生完二胎就三十多岁了，既没什么工作经验，还有家累，上什么班？"

我只能开解道："全职妈妈能给孩子一个完整的童年，能够教育好孩子也行。"

她冷笑一声说："教给孩子什么样的价值观，啃老？"

我无言以对。

我想起另一个故事。卿卿要嫁个二婚的男人，母亲激烈反对。她懒得接招，就敷衍："好的好的，行的行的。"母亲伤心了，突然说："在你心里，我就是个没见过世面的文盲，什么也没见过，什么也不懂。"卿卿一下子愣住了，因为母亲说出了实话。母亲初中毕业进了工厂，多年来不读书不看报，大概可以算是个新文盲。母亲一生都在厂区里工作，别说国外，连省外也只去过一两次。

她很爱母亲，不管母亲什么样她都爱。但是，坦白地说，她确实无法信任母亲的判断，接受母亲的观点。因为就如母亲所说，她没见过世面，什么也没见过，什么也不懂。最后卿卿下了决定，无论如何都不会当全职太太。因为不想将来自己给小孩提建议的时候，孩子心里的想法也和现在的她一样。

父母当下的每一个微小决定，都可能会影响孩子的未来。只有母亲树立一个积极正向的情绪、认知、行动模板，才能让孩子拥有一个正确的成长方向。你要树立一个什么样的人生模板，给孩子、给孩子的孩子，你想过吗？

几乎所有职场女性都面临着一个问题，如果没人帮忙带小孩，那么妈妈要辞职吗？比如曾经有网友私信我：

> 本人目前在私立中学，是一名老师。虽然平常上班时间比较长，还有早晚自习，但是周末以及寒暑假我都会亲自陪孩子。
>
> 孩子就读于家门口的公立市一小，其他时候由孩子的爸爸和奶奶带。原本问题不大，我们还买了房，婆婆住隔壁。但是，今年孩子爸爸工作调到异地，又因为爷爷患有阿尔茨海默

病,孩子只能靠奶奶带着。因为孩子升了高年级,学科难度加大,所以孩子的作业里错误变多,考试分数下滑,我很焦虑。

孩子爸爸一直嫌我工作忙,希望我辞职在家带孩子。但我又不想失去工作。孩子爸爸还建议把孩子转到我们学校的小学部。但是我又认为小学阶段最好不要上私立住宿学校,有三点原因:一是我确实对自己的学校不太信任,因为学校刚刚成立三年,而孩子现在上的是市里特别好的公立小学;二是我认为,父母最好都陪伴在孩子身边,孩子不要在小学这个阶段住宿,进入那么激烈的应试竞争中;三是我所在的城市是五线城市,私立学校的各个方面远达不到素质教育的标准,日常教育更偏应试性。因此我不知道该不该辞职?怎么样处理对孩子最好?

我的想法是这样的。首先,妈妈不要辞职。理由有三:第一,不管是哪个行业,辞职后重回职场,对妈妈来说都是一个坎。我认识很多为了生小孩而辞职的妈妈,之后想要重回职场十分艰难,而且不是一个两个,是很多。其中既有来自职场的歧视,也有妈妈在家宅久了,比较习惯自己掌控时间节奏,不一定能重新适应团体协作等原因。即使是教师这种相对好找工作的求职者,也不见得是那么容易的。第二,在中国人的普遍认知中,全职主妇就是闲在家中,不仅时间充裕、精力丰沛,而且还不需要用钱,因为全职主妇

第七章 家中还有一个小孩，就是你自己

都不上班，买衣服干啥？从此以后，家务、孩子、赡养老人全由全职妈妈负责了。光是每天与公婆朝夕相处，就很累人。第三，每个人都需要朋友和熟人来发牢骚，缓冲情绪。上班的人容易解决，到办公室大骂婆婆是很常见的。如果你全职在家，你跟谁诉苦？最后，难免会把情绪发泄在孩子身上。或者百忍成增生，在甲状腺、乳腺里悄悄生发。

其次，竞争是孩子一定要面对的。事实上，很多国家的竞争都比中国残酷。例如，新加坡的小学生在小学四年级之后，就会进行第一次分流考试，根据成绩把学生分成三群人，分别是普通双语班、延长双语班、单语课程班。德国也是一样，在读完四年级之后，根据成绩把学生分流到三种中学：主体中学、实科中学、文科中学。主体中学就是技校，专门给学生做技术培训的。在孩子10岁时，已经决定这个孩子将来要做一个花匠还是木匠了。

最后，即使在不够好的学校里，也可以选择最好的班级。学校教学质量不高，这是事实。但如果转到你所在的学校，因为你是员工，比较了解班级和老师的水平、人品，可以找到最适合孩子情况的班级，托老师多关照一下。孩子在好学校泯为众人，与在普通的学校施展拳脚，很难说哪个更好。

所以，加油，现在坚持不退场的你，会是孩子的骄傲。

好妈妈一定要学会恰当示弱

妈妈一定要学会示弱。每天开车两个小时去上班的女友苦笑着对我说:"我好累。白天在单位里应对领导、客户与下属;晚上回家还要有亲子陪伴时间,我得强撑着鼓励孩子,发现孩子的优缺点。我时而失控,时而爆发。"

刚刚给孩子交了暑假游学团学费的女友叹息着对我说:"我真觉得不值,十几天的诗与远方,却用光了我几个月的所得。我不敢停下来歇一会儿,甚至没有勇气去查银行卡的余额。"

而我说:"为什么妈妈们不能诚实地告诉孩子,'对不起,妈妈没有钱,妈妈体力跟不上。妈妈的世界不止有你,妈妈还有许多其他需求'?"许多时候,是妈妈自己让孩子以为妈妈是无所不能的,再大的事儿都能扛,再大的困难都能解决。

每个妈妈都辛苦地塑造出一个如同神祇般强大的形象,也莫怪孩子有任何事都来找妈妈。因为他们认定妈妈是有求必应的,妈妈的付出是理所当然的。这不是孩子们的错,而是母亲给得太快,给得太多。

多少孩子在长大后控诉家长的不完美:"我明明想要一个西瓜,妈妈却给我一箱冬枣。"妈妈们不如直接告诉孩子:"西瓜有西瓜成熟的季节,冬枣有冬枣成熟的时间。即使你贵为天子,在冬枣成熟的时节中也很难买到西瓜。不是妈妈不懂你的心,而是懂也没用。"

多少孩子在缅怀某一条童年没买到的裙子时,经常抱怨:"长大后,即使我买得起也不是那回事了。"这是要开比惨大会吗?妈妈们先上,说说那个当年为了孩子放弃的职位,说说那些为了孩子的忍耐坚持。

有些事,实话实说就好了,不要给自己太多负担。你要知道,孩子的错不完全是你的错;你的错,也不是罪无可赦。无论如何,别打小孩。

有一天,我与小年深情地怀念了一下她的婴儿期。

我说:"你刚学会走路的时候,一见到我,扭头就跑。"

小年说:"一定是你天天逼我吃东西。"

带孩子的过程,给了我一个深刻的启示,我发现我之前对人类的预判是错误的。在认识小年之前,我还以为进食是人类的本能,但小年却不爱吃东西。这是我的错吗?不,这是她的天性。所以小年会说的第一个字是"不"。"不吃""不喝""不要""不不不",我有时也在好奇,我女儿到底是怎么活下来的呀?

还有一天,我怼了我妈。虽然我不是有意的,因为我天性比较焦虑,所以小年也有一点儿遗传。我妈责怪我:"孩子都是受你影响。"我耐心地回她:"那我的焦虑,又受谁的影响?"如果按照这个逻辑,我的焦虑情绪必须得赖到她老人家头上呀,一代一代的,全是亲妈的错。她大概也想到了这一招,愣了一下,试图嫁祸于人,迅速反击道:"可能你像你爸!"我叹一口气,放过二老,我说:"我觉得我是基因变异。"

所以,妈妈们,孩子长得不够高,可能是你养得不好,也可能就是基因使然;孩子没有安全感,可能是家长抱得不够,也可能就是他天性敏感。别总说人家甩锅给你,你也别甩锅给人家了。

你的错,也不是罪无可赦,当然更不要自己背锅。

有位年轻的朋友向我忏悔,觉得自己实在不是好妈妈。有一次她被家里的长辈们弄得烦不胜烦,但又不能对长辈们发作。正好她不到一岁的小女儿在身边叽歪求抱,她就推了小女儿一把。孩子被推倒在床上,吓了一跳,放声大哭。她也心疼得差点儿哭了,忏悔如下:"我真对不起我闺女,我不配当妈妈。"我无动于衷地说:"这没什么,我也会对小年发脾气的。"

几个月前,也有一个朋友向我表达过类似的忏悔,她说她一直想成为小时候想要的那种模范妈妈。结果脾气上来了,忍了又忍,最后还是会对女儿暴跳如雷,事后又无比自责,恨不能给自己两巴掌。

我问她:"当一个妈妈来脾气的时候,该对谁发?老板、同事、下属、客户、老公、路人?"

朋友想了想,说:"都不该发呀。"

我说:"你没有失控的时候吗?对老板都敢拍桌子,客户也不伺候了,这种时候没有吗?"

她承认有，但还是说："那也不应该对小孩发。"

　　我说："父母也是凡人，都是不完美的，会有情绪崩溃失控的时候。尤其是当灶上有火，洗衣机在啸叫，电话铃声在响，小孩还在抱你腿的时候，你很难做到优雅温柔、平和冷静的。你就希望小孩赶紧放开你的腿，让你先把炉火关掉的时候，你还说什么'温柔而坚定''不含敌意的坚决'？厨房都烧着了。"

　　我曾经在对小年发脾气之后，向她解释："我是人，一定会有脾气，脾气总要有个出口。有时候，是你离我太近，你挡在情绪的出口上了，你得忍。因为，你也是人，你也会有脾气，你不高兴的时候，也会对我哇哇大哭、发脾气，我也忍了。"

　　母亲和孩子是地球上最近的两个人，就好像我的体味，你一定会闻到。

　　除了妈妈的情绪问题，还要专门说一下体罚问题。

　　体罚作为一种惩罚，并非完全不可行。读到川手鹰彦的《孩子们被隐藏的智慧》中，他在德国给唐氏儿和自闭症孩子上课时，有一个孩子上课时骂他，他伸手就打了那孩子一巴掌。在德国，这样做是违法的，所以机构的负责人吓坏了，帮他公关，又联系家长，怕家长告。但结果是，那节课效果很好，因为那些孩子从此就知道了怕，知道了什么是纪律。家长对此也很满意，因为送小孩上学，本身就是为了学规矩。我的一位朋友也读了这本书，他说："笼统地说不让打学生，当然是没错的。但是碰到特殊的情况，也很难说怎么做是恰当的。"

但体罚最大的问题是它非常易被滥用。对孩子来说,父母或者老师是有绝对权力的。父母只要打着"管教孩子"的名义,就可以对孩子为所欲为,其他人顶多只能劝他"不要体罚"。但事实上,这可能是赤裸裸的暴力。

我见过很多受过家暴的女孩子,都花了很长时间才从阴影中走出来。我有位朋友,她是农家女,家里姐妹多,父亲无用,母亲虽然能干但脾气暴躁,父母二人动不动对孩子们拳打脚踢。艰难之家,物质财产是有限的,亲情也是有限的。

虽然姐姐们后来帮她支付了一部分大学费用,但急了也会上手打她,因此,朋友很怕姐姐们。

每次挨打时,她总是想把自己藏在角落里,根本不想让任何人看到自己的存在。在这样的环境中成长,她渐渐习惯了——在任何时候、任何地方,她都是个影子,不显山不露水。

她上了班,工作很体面。结婚后,也算是找了个好人家。丈夫十分厚道,公婆也帮忙做家务、带孙子。可是不知道为什么,她对旁人总有害怕的感觉。究根溯源,她始终是那个躲在角落里的小孩,怕一切成年人,除了丈夫之外。

只有对丈夫,她急了会嚷嚷。她一嚷,他就不说话,她就更急,又哭又闹。加上她没有要好的朋友,与娘家人也很少来往,她觉得自己能依靠的人只有丈夫一个,但丈夫为什么不懂她呢?她真的着急。

突然间,丈夫提出离婚。他说厌倦了她的吵闹,每次她在家里,当着公婆的面这么吵,他都很怕伤了老人的心。朋友像天崩地裂一样。于是,她被逼无奈,只好去找当时介绍他俩认识的人,找公婆说合。她也清楚,这些人每去和她的丈夫谈一次话,她丈夫看她的眼神就会冷淡几分。

她好像又回到了童年,又变成了那个被父母和姐姐们暴力对待的小女孩。直到后来,她做了心理咨询之后,心理咨询师让她理解了她从小接收到的,不是体罚,是暴力。

她一点点地检视伤口,发现体罚是有规则的,比如讲粗口的小孩就会被打几下手板之类的,这和工作做不好要扣年终奖一样,是种规矩。但她父母打她不是这样,是没有原因的、突如其来的惩罚。

她回忆,在她六七岁的时候,父母有一次生了非常大的气,突然暴打她。她一直不知道为什么。人家一般都不当着别人的面打孩子,她家恰恰相反,越在外面,父母打得越来劲,其他人越是阻拦,他们打得越狠。这根本不是在管教孩子,而是父母把自己心里的怒火,撒到孩子身上了。

我对朋友说:"你父母表现出来的所有愤怒其实都来自他们自己的无能。"她十分认可,并且她惭愧地认识到,之前她对老公嚷嚷也是一种暴力。

在暴力环境下长大的她，除了暴力之外，并不知道有第二种方式能表达情意、解决问题。好在她已经下定决心，要把自己从旧时阴影里解放出来，先从不施加感情暴力开始。

了解孩子的需求，优雅制服熊孩子

爱一个人，爱到某种程度——我明知道你会恨我，但我还会一如既往这么爱你。我不知道这是爱还是偏执。我小时候，邻居家有个同龄的孩子是个脑瘫儿，据说是因为难产，用产钳夹出来的时候伤到了什么地方。（当时大家都没什么医学常识，对自己不了解的疾病，病因大多只靠猜测。）

在当时的观念里，一个身体动作不协调、站不起来、说话口齿不清的孩子相当于一个残废，随便养养就算了。但他的父母不这样认为。当时没有康复的概念，他们就按自己的理念给孩子做康复。孩子不会站，父母就拎着他站。妈妈拎累了，爸爸拎；爸爸拎累了，再换妈妈。孩子不会说话，他们就反复带着孩子说，一句话重复一百遍、一千遍。

就这样，这孩子慢慢地长大，也能上幼儿园和小学了。在小学里，我们都怕他，他比我们高一个头，有时候会突然做一些奇怪的动作，说话也说不清楚，想要什么东西就直接抢，甚至一言不合就打人。我们都不和他玩儿。

有一天，发生了一件事，我放学回家，看到他妈妈在我家，笑着问我："在学校里高不高兴呀？我们家孩子怎么样呀，平时你多和他玩玩儿。"那时我太小了，小学二三年级，大人这么郑重的态度让我很害怕，我糊里糊涂答应了。

后来我才知道，他们两口子几乎走遍了全年级每个同学的家——其实没大家想象中那么艰难，因为我上的是大学附小，所有的家长都是同事，都生活在同一个大学校园里。只要不惮辛苦，总是走得完的。唯一的问题就是，这所大学校园很大，占地 7 000 余亩。在通地铁之后，从它的东门到西门，是三站路。

夏天，许多小朋友都去游泳，我看见这个孩子的爸妈带着他，拼命教他学游泳，教他如何屏气、沉浮。他学不会，父母一急就上手，孩子号啕大哭，吓得我们都不敢靠近那片水域。冬天，学校要求长跑，他行动不协调，跑起来特别慢，他爸妈就和他一道跑，拉着他拽着他拖着他，吼着他骂着他打着他。最终也是一家人，一边哭一边跑完的。

辛苦养育的幼苗总是是会开花结果的。这孩子后来上了大专，毕业后有了稳定职业，结婚生子。似乎一切都步入了正轨。而且，因为他父母当时担心他很难找到合适的工作，所以从很早起就培养他摄影，带他去附近的山山水水间拍照。如今，他在摄影界已经小有名声，都开过个人摄影展了。

这故事有一个美好结局吗？并没有。他长大后，怨恨父母在他小时候对他过太严厉，又因为妻子与公婆不合，便与父母断绝了来往。父母很伤心。他还有个妹妹，因为父母全力教养残疾哥哥，只能将妹妹粗生粗养。妹妹学历不高，后来嫁到了很远的地方，父母最终反倒去和妹妹一起生活了。父子、母子、兄妹现在已经断绝往来了，妹妹和父母要想知道他的消息，也要通过网络。

他的父母错了吗？现在来看，也许可以批评他们没有循序渐进地教养，他们不了解残疾儿童心理学，不能春风化雨。但四五十年前，整个社会都没有残疾儿童康复的观念，没有相关医院进行系统治疗。这对父母其实还是占了在大学工作的便利，能在图书馆查到外国有关残疾儿童康复训练的原文资料，但这些资料都非常古老，并且来源难测，还可能是英文、法文、德文、俄文。他们不知道要费多大劲儿，才能找到人帮他们翻译出来。

他错了吗？他的那些童年时光一定是很黑暗的。这一点我感同身受，因为我自己也不喜欢运动，所以小时候父母强迫我运动的记忆都不太愉快。

而如果你是这位母亲，你怎么做？

我的建议就是，如果你觉得你是对的，就去做吧。

只管做，不管最后收获的是什么。

另一个问题就是下意识的偏心。其实在多子女家庭中，下意识的偏心谁都无法避免。我认识一个小朋友，是双胞胎中的老大。两姐妹自出生起，姐姐就比妹妹块头大，这说明姐姐从娘胎里就有较强的吸收消化能力，出生后更是能吃能睡，身体倍儿棒，几乎从不生病，还十分爱笑，人见人爱。妹妹则这个不吃、那个不喝，体弱多病，家人无数次抱着她去医院，折腾得身心俱疲。

到上学了，姐姐因为吃得好，当然体格好，聪明开朗，脑子也好，成绩很不错，所以上了名校。而妹妹经常请假去看病，成绩跟不上，体育课也要补考。

所以，如果你是双胞胎姐妹的父母，你能不能做到不偏不倚？你是会喜欢省心优秀的老大，还是怜惜操心弱小的老二？这取决于你的个性、经历、人生观。也许你会把更多的爱给老二，疏忽强健的老大；也许你会把更多的期许分给老大，放弃平庸的老二。行走在时高时低的人生路上，如何才能一碗水端平？父母是人，确实会有这种不可控制的偏心，但如果习焉不察，则会出大问题。

一天，多年老友来我家聊天，她有兄有弟，是最不受欢迎的老二女儿，家长里短的难免有点儿不和谐。

她羡慕我，说："我从来没见过像你们家姐妹这么和谐的。"

我说："这归功于我爸妈的一视同仁，他们从来没有用偏爱迫使我们竞争，我们从来不需要变得'更好更孝顺'来换取更多的爱；或者反过来，理直气壮地认为自己获得的特权是天经地义的。"

她又转头请教我妈:"阿姨,您是怎么做到对孩子们一视同仁的?"

我妈说:"我和孩子他爸经常向周围的人家学习呀。但凡是处不好两边亲戚的夫妻,肯定打架;凡是孩子不孝顺的,孩子爸妈也一定不怎么样。这就是'上梁不正下梁歪'。所以我们早就商量好,钱就放在一个抽屉里,我给我家寄钱,从里面拿;他给他家寄钱,从里面拿。小孩也一样,三个孩子,至少蒸四个馒头,你们都够吃。就你爷爷,最偏爱你。"

我很高兴:"对的对的,他带我去男澡堂。"(虽然这听起来很古怪,但确实是温暖的童年往事。)

而我妈又说:"老人稍微偏心一点儿,也是正常的,但做父母的不能偏心,吃什么穿什么都不能偏心。"

朋友听到这里疑惑地问道:"阿姨,那您其实是有意这么做的吗?"

我妈说:"那当然了。我们那个时代还流行看宋氏三姐妹的传记,她们的爸爸一共生了六个小孩,也是尽量做到不偏心。我们看了很佩服。"

朋友衷心说:"您和叔叔才是真正的大学生,有知识也有文化,真的把现代观念落实到了生活中。"

作为父母,随时随地的自我省察很重要,调整行为更是刻不容缓。

另外，如果你对孩子很焦虑，觉得他们是"熊孩子"，那更要站在孩子的视角，看待孩子们的需求，这样才能优雅地制服"熊孩子"。

有时候孩子不是故意闹腾。有一年，有位年轻朋友来找我玩儿，我让小年叫她"榴榴姐姐"。榴榴姐姐当时还年轻，小年大概也就五六岁，榴榴姐姐带着小年疯玩疯跑。下雨了，小年没穿雨鞋，榴榴姐姐就背着小年蹚水，小年在她背上乐疯了。

中午，榴榴姐姐在我家客房睡了一小觉，小年因为喜欢她，也跑去依偎着她，睡在旁边。睡醒了她告诉我，她刚躺下快睡着的时候，小年就踢她，把她踢醒。她醒了，小年就咯咯笑。她又快睡着的时候，小年再次踢她。她心里掠过一丝反感，觉得这孩子怎么这么烦？

突然间，榴榴姐姐讲起自己的一桩童年旧事。榴榴姐姐有一个姨父很会逗小孩，每次到她们家来，她都很开心。到最后，姨父走的时候，她把姨父的车钥匙藏起来了，害得全家人上穷碧落下黄泉地找钥匙。榴榴姐姐害怕了，说了藏钥匙的地方。所有大人都严厉地斥责她，她妈妈甚至还动手打了她两巴掌。大家都说她不识好歹，姨父这么喜欢她，她还淘气。她伤心极了，哭了很久，大家也没原谅她，还不住地批评她。自打那次之后，榴榴姐姐就特别讨厌姨父了，看到姨父来，就有点儿仇视。而此时此刻，时间、地点、人物全对上了，她明白了小年是希望这个姐姐可以继续和自己玩儿。

　　小孩子的时间表与成人不同，当成人已经很累了，或者必须要走了，另一个成人是能看出来的。但小孩子是没有这种观察能力的，孩子不知道你必须要走，她不知道你困了，因为她只知道自己的感受。而且小孩子不懂如何提出自己的要求，或者说，小孩子知道即使是提出一些要求，也一定会被大人拒绝。小孩子不知道下一步该怎么做，于是就做出了这样的事。

　　榴榴姐姐是好样的，她为我拆解了她的沟通技巧。她张开眼睛对小年说："小年，榴榴姐姐累了（表达情绪），很累很累了，累得玩不动了（强调情绪）。榴榴姐姐是大人，大人就是很容易累，没办法像小朋友一样可以总是玩（说明必要性）。现在榴榴姐姐必须要睡了，不睡醒，待会儿就不能和你玩了（给出承诺）。我们一起睡好吗？我搂着你睡（给出甜头）。"小年愉快地点头，像一头小猪一样睡着了。

　　我听完榴榴姐姐的方法，惊了一下。此后，我就对小年说："小年，你要什么，你希望大人怎么做，你就直接说出来。但是，你说出来的时候，要说出你的理由。如果大人不同意，你可以问问大人原因。大人都是很爱护小孩的，他们都会告诉你的。"

　　我也经常提醒自己，要做一个通情达理的大人，要懂得"熊孩子是每个人的必经之路"。并且，大人都有拖延症，孩子也不是故意磨蹭。

我第一次实实在在地意识到何谓"孩子没有时间观念",是在一个儿童游乐场,有两个五六岁的小孩在玩儿。

其中一个妈妈喊道:"回家了。"

孩子坚定地说:"不。"

妈妈只好退让,说:"再玩两分钟。"

孩子说:"不,我要玩一百个两分钟。"

说完之后,孩子惊讶地放下手中玩具,掰起手指算:"一百个两分钟,是不是要到明年?还是明天呢?"

看他皱起眉来认真地思考,他妈妈赶紧说:"好,我们玩两个两分钟。"

这一次,孩子痛快地答应了,附近的家长都忍不住在笑。一百个两分钟,对五六岁的孩子来说,是太大的数目了。

可能每个妈妈都见过,孩子磨磨蹭蹭地穿衣服,慢吞吞地摊开T恤,迟缓地分辨着衣服的正反面,再以慢动作把它套过头顶,有气无力地往下拉。你会怀疑孩子是不是清醒的,他是不是在做梦?为何他的表情是恍恍惚惚的?为何他的动作像放慢了十几倍的电影慢镜头?……

原来我看过一个说法,说中国妈妈喜欢说"快点儿",这是内心焦虑的表示。我得说,不是这样的,妈妈们只是在喊密码,想把梦游者从梦中唤醒。但是,妈妈们在生气之前,一定要相信孩子们不是故意的。

养娃是一生的修行，为母则强，如托泰山

你失去的不是青春，即使你不生小孩也会老；你失去的也不是苗条的身材，即使你不生小孩也可能会胖。当了妈妈后，你不能说走就走了，你失去了随时变道的权利，以及随时大喊一声"我不干了"的资格。

生娃、养娃是一场无法终止的修行，永无退场的机会。一旦开始，你就要坚持到底。在一生的决定里，应该用最严肃的态度对待"生育"，因为它不可撤销、不可修改。

遇人不淑，可以离婚；专业选错，可以转行；去了不喜欢的城市与国家，可以用一张机票逃离。即使过了40岁，人生也可以重新开始，随时洗牌重来。只有孩子，从他出生那一刻，就不属于你，你却背负了漫长的责任。当你有了孩子，你会突然发现，你的生活不再有其他可能性。

你想在职场上冲杀？得先找到人帮你带孩子。

你想重返校园？得先找到人帮你带孩子。

有一种说法是，生了孩子的女人，都不会后悔。

我想，真相是，生了孩子的女人，不再有"后悔的权利"。

既然如此，不如过河卒子，奋勇向前！

每一种新的状态都会带来一种新的孤独，你会脱离原来未育的

群体，而已育女性这个群体对你的痛楚又显得若无其事，让你感到受伤。

当你对孩子健康感到焦虑，对自己职业发展感到迷茫时，你该如何处理情绪的起落？

你将应付各种新鲜事物，包括心理上的无助感以及成长感。等你生完了，也可以写一本书。

成为母亲，有很多新鲜的体验，却失去了年少的勇气与不羁。年少的你，可以在车水马龙的街上横冲直撞。但此刻，你怕了，你停下来，牢牢抓住那只小手："乖，咱们走斑马线。"小手软软的，无限依赖地在你手心。

之前的你，只想活到30岁，认为所谓的死亡就是"GAME OVER"，再试一局吗？你满不在乎。但此刻，你在医院的自动取报告机上横一次竖一次地扫码，心里盘算着医生不是说一小时出样吗？这都一个半小时了。你又想起刚刚医生说，如果是特别复杂的病例，出样就会比较慢。那一刻，即使在医院那么嘈杂的环境下，你也能清晰地听见一声声惊雷，那是你的心跳。

其实成为母亲，虽然失去了很多，也会让你更有担当。

做了妈妈，你会更加迷惘，无法确定该选哪条路。你左顾右盼，借助手机"地图"，问问过往的大姐大妈，确定了方向。如果错了怎么办？你承担就是了。

爱，也让人有担当。虽然在每一个有关孩子的文件签字之后，你都会紧张到出汗。尽管你很想放弃，真的很想有一个更权威的人接过你的笔，替你做主——你真的害怕自己负不起责。但最后，你还是自己签字了。

不想让你爱的人知道日子有多苦涩，你就得自己咽下。

不想让你爱的人听你的哭泣，就要忍住所有的坏情绪。

爱是最孤独的事，也授人以权柄。

你是王座上的国王，战还是和，是投降还是玉碎？你自己决定，自己承担。

爱，总让人勇敢，虽然有时也会"大勇若怯"。

据说有些人宁愿过被安排好的日子，省心省事。不如说，那是因为他们甚至不够爱自己，更遑论爱别人。

作为一个母亲，当你开始有担当，能够为你的孩子安排未来时，你就成长了。

你不知道你会变得多好。

我有位朋友，不过40岁出头，已经是一流大学的副教授了。她说，是母亲生完孩子在产房时的经历，改变了她，改变了整个家族的命运。

她母亲闺名里有个"兰"字。兰是20世纪50年代生人，小学没上几年就遇上了"文革"，稀里糊涂地混到初中毕业，随后下了乡，在农村待了几年，随着返校政策进了工厂，当了一名女工，很自然地相亲恋爱结婚怀孕，完成了千百年来女人的流水线作业。

第七章 家中还有一个小孩，就是你自己

兰发动的那天，丈夫推着自行车驮着她去医院。兰在后座疼得快要坐不住了。到了医院，她挣扎着从后座下来。一辆小轿车从她身边掠过停下，车门打开，一位产妇出来了。

到了产科，没有病床，只能睡走廊。丈夫心疼妻子，就问医生能不能腾出一张床。医生说："有个产妇在你们前脚住的院。"兰想一定就是那位"小轿车产妇"，自己靠脚走怎么可能比轿车快。兰谁也不怪，只怪自己晚人家一步。

兰运气很好，生完后，当天下午就有了空床，兰就从走廊挪到病房里。都是刚刚生完孩子的产妇们，躺着叽叽喳喳地聊天。正好兰旁边那床生了个儿子，比她早生几分钟。两个产妇就开心地约定将来做儿女亲家，接着问彼此是做什么工作的。

兰一问，人家骄傲地说是大学老师。

人家一问兰，兰犹豫了一下，说了工厂的名字。

人家立刻不作声了。

直到出院，她们二人没有再交谈过。兰听得懂这沉默里的全部意思：工人家的小孩，怎么可能高攀书香门第。

这件事刺激了兰，她没出月子，就报考了电大，一边给女儿喂奶一边背书。

婆婆非常反对她在哺乳期看书，说会得月子病。兰的母亲身体不太好，不能帮她带孩子，兰只好一个人带孩子。兰说自己在洗尿布的时候还在背单词、背公式，背得眼花缭乱，背得眼睁睁地看着

泛黄的尿布上写满了笔记。

就这样，兰拿到了电大文凭，又在改革开放后下海，去南方淘便宜的饰品回来卖。兰赚到了钱，不舍得吃，不舍得穿，全用在女儿的教育上。我朋友永远记得，当她五岁时，一架巨大的钢琴被抬进家，当时整个家属楼都被惊动了。

邻居们都出来看洋相，都在嘲笑这不自量力的一家人："母女俩知不知道自己是什么？还想鸡窝里飞出金凤凰呀。"而让邻居们瞠目结舌的是，我的朋友在20世纪90年代就出国留学。这真是鸡窝里飞出了金凤凰。

当朋友用一句套话——为母则强来赞美母亲兰时，已经是公司老总的兰总会嗤的一声笑起来："什么为母则强？三娘娘、王阿姨不都是母亲？她们不都在打麻将？强都是靠自己拼出来的。"妈妈们塑造的不光是孩子的肉身，还有孩子的精神世界。

我的女儿名叫小年，我大姐的女儿名叫小满，都是以出生时间命名的。我大姐告诉我，在小满出生之前，她反反复复地想，要让孩子成为一个什么样的人。

"什么样的人"到底是指什么呢？难道就是小时候在作文课上，写"我的理想"时提到的那些职业吗？比如宇航员、科学家、警察……这些名头何其虚渺，是广告牌上的棉花糖，粉红而轻，而母亲怀里的，只是个沉甸甸的婴儿。

最后她换了一个问法："要不要让孩子成为自己这样的人？"

像大部分生来谦逊的中国女子一样，她首先想到的就是自己的缺点——不爱看书学习。所以，我大姐先定了个小目标——让小满做一个爱看书学习的孩子。

小满三岁时，我大姐第一次牵着小满进书店，小满在书架间跌跌撞撞地走了几步，发现书不能啃，也不能拿在手里打人家的头，很快失去了兴趣，掉头就要往书店外走，但被我大姐一把揪住。在此期间，小满还一直不甘心地指着外面的零食店。

我大姐心念一动，想起一位前辈教过她的一句话："教小孩就像教小狗。"小狗怕什么？怕打，但不能为这种事儿打小孩吧。小狗喜欢什么？喜欢吃。没错，小满完全继承我家的基因，从小就对吃兴味盎然。

我记得小满一岁多一点的时候，她在学步车上摔了一大跤，牙齿都磕出了血，哇哇大哭。我们赶紧在她手里塞了一把旺仔小馒头，这简直像按了个开关，哭声立止，她脸上还挂着泪花、血渍和地上的尘灰，但好像完全忘了痛，只顾着一个劲儿往嘴里塞小馒头。

小满两岁多，我忘了小满是第一次吃到冰激凌还是巧克力，美味像重锤一般，直击她的心底。她感动得双目圆睁、无以表达、无以复加，竟然呜呜哭起来："世界上还有这么好吃的东西呀。"她从灵魂到肉体都受到了洗涤，就跟去了趟西藏一样。

这一刻，大姐弯下腰去，对小满说："你在这里看一小时书，我就带你去吃好吃的。"这个诺言就像巴甫洛夫的铃声一样有效,小满立刻眉开眼笑,乖乖地去看书了。如果她是真的小狗,听得懂话,只怕就得摇头摆尾了。

当时是 21 世纪初,书店还是卖书的地方,没有设现在这样的阅读区,书架不能坐不能靠。小家伙倒是不介意坐在地上看书,但是她妈介意。最后,我大姐背靠墙,一膝跪地,一膝蹲立,送出去给小满当座位。小满坐在她单膝上,像小雀儿赖在满是草香的鸟巢里,静静翻开她一生中第一本书。

我大姐蹲累了便换个膝盖。又累了,再换。小满渐渐看书着了迷,任她妈把她颠过来倒过去,全无知觉,也没听见她妈妈每一次调换时,都会发出的长长呻吟。

小满终究还是坐不住了,不到半小时就闹着要吃东西。大姐叹口气,屈服了。小满书也看过了,肚子也被填饱了,精神食粮和物质食粮双丰收的小满,开心得不得了。第二周,小满主动说:"妈妈,我们去书店吧,看完了去吃好吃的。"大姐说,这句话她印象特别深,因为太高兴了。

从此,母女俩每周必去书店。开始是一小时,后来小满阅读的时间越来越长,分量也与日俱增,起初是小狗,慢慢就连大金毛也不遑多让了。直到小满上小学,各种培训班越来越多,这件事才渐渐停止。而让大姐欣慰的是,小满真的如她所愿,成了一个爱看书学习的孩子。

老实说，我大姐也不知道这举措是对是错。好处是小满成绩优异，目前就读于美国哥伦比亚大学；坏处是撑开的胃口不容易缩回去，小满十几岁就得经常考虑减肥这件事，又嘴馋，只得在跑步机上挥汗如雨了。

对我大姐来说，她在好几年前膝盖就开始不太行了——针灸、拔火罐、做七星针、吃骨维力也成了她的家常便饭，但是她一点儿也不后悔。

她的膝头，曾经承托过一个孩子的未来呀。

如托泰山。

后记

我年轻的时候,从来不催婚不催育。

但是到了现在,我的想法变了。

因为我和我的朋友们,都进入了"老龄化"这个世上最无力回天却必须全力以赴的时代。

50 岁的女儿,还必须给 80 岁的父母调停感情纠纷。

医生让老父做手术,但手术有风险,要不要赌?

母亲和妹妹想送瘫痪的父亲进养老院,父亲和姐姐不同意,姐妹大打出手……

在养老的世界里,只有各种各样的悲剧,没有一桩喜剧。

老人病了,太恐怖。

但老人病好出院了,也不是大功告成——还会入院的,也许明年也许明天。

衰老不是疾病,不能治愈。

你爱的人，注定离你远去，你终归要懂得何谓绝望——对大部分人来说，确实是孩子给我们希望。

孩子的成长、你的成长，让薪尽火传，老树可以枯死，但它的种子生出了新的树苗。

每一片树林都是这样来的。

伟大的人以令全天下幸福为使命，学者以追求智慧为主旨，高贵的人拯救苍生——普通人呢？

总有一天，人生意义这个问题迫在眉睫。

孩子也许是答案之一。

何必养猫猫狗狗聊以自慰，到最后，安慰可能变成最残酷的事儿——我有位朋友，已经送走四只猫了。

带一个孩子到世上之前，你应该问自己的十个问题。

1. 你爱小孩吗？
2. 你爱这个你准备与之生小孩的异性吗？
3. 你的经济许可吗？
4. 如果你的孩子不够健康，你将如何选择？
5. 你自己养得起孩子吗？
6. 你能得到社会或家庭的支持吗？
7. 你的职业会与你的孩子抢夺你的时间精力吗？
8. 你能承受三年左右的非全职工作吗？

9. 你为什么要生小孩，是为了让自己幸福吗？
10. 你到底有多爱自己？